ババア上等！

大人のおしゃれ DO! & DON'T!

地曳いく子
槇村さとる

集英社文庫

Contents

ババア上等！　大人のおしゃれDO! & DON'T!

「この年頃は、
本当の挫折がやってくるんだよね。」

「人生初めての大きな
ファッションの挫折ですよね。」

おしゃれ対談
1

大人のおしゃれはコンフォートゾーンの半歩先

地曳《じびき》　私は槇村先生の漫画を読んで育った世代なんです。大人になってからは漫画離れをしていたんですが、ある日、百貨店で催していたトークショーで「いちばん前に格好いいオバサン座っているなー、でもストールの巻き方、もうひとつだよね」って、話しながら思っていたら、実は、それが先生だった（笑）。

槇村《まきむら》　うふふふ。

地曳　トーク中は先生だとは知らなかったから「ちょっと前に出てきてください」ってお願いして、ストール巻き直しちゃった。そうしたら会場中がおーって沸いて大受けだった。で、その後「実はあの方は……」と教えられて、えー！　失礼しましたぁ！　となり、改めてご挨拶したわけです。

槇村　私はね、ファッション誌に載っている地曳さんの近影を見て、この人、外人？　って思ったの（笑）。

地曳　私はクォーター説というのが一時流れていました（笑）。

槇村　見た目クォーター。何より堂々として格好いいなと思って覚えちゃってからは、これいいなと思うと地曳さんのスタイリングということが多かった。あのトークショーは、〝ナマいく子〟を見なきゃ！　と思って行ってひと目《ゆ》惚《ぼ》れ。そしてストールを巻き直されたの（笑）。

地曳　あのとき、ご挨拶していて先生のファンだったことを思い出したんです。

槇村　ファン同士だったんだよね。

地曳　それがわかってからは、何度か雑誌でコラボさせていただくようになって。そして〝すっかり大人のお年頃〟について話しているうちに、またご一緒したいということで、夢（？）の企画が実現しました。

人生初のファッションの挫折

槙村　この年頃は、本当の挫折がやってくるんだよね。
地曳　人生初めての大きなファッションの挫折ですよね。
槙村　「時の流れに負けた」的なすごいガッカリ感が、私の場合は五十五歳前後がいちばんキツかった。
地曳　四十歳は全然平気で、四十五、六歳ぐらいからそろそろ下降が始まって、五十歳ぐらいで、あれ？　えっえっえっーっと、引っ張られる。
槙村　フリーフォールだよね。ただ、そこまで落ちると、何というか、ぱんと上がってきたときに、すごいフリーなマインドになる。何かを手放したんだよね、きっと。**諦めた。いい意味で諦めたときからちょっと楽しくなった。**
地曳　それまではどん底で、何やっても魔法が使えなくなった魔法使いみたいで。
槙村　先輩からは、みんな落ちるから大丈夫って言われていても、ちょっと恐い。落ちている最中はひえーって感じで恐いも何もないけど。

地曳　自分だけ落ちてるような気もするんだけど、話してみると実はみんなそう思っている。ただ私たちが大変なのは、**親世代と違って今はすべてがカジュアル化していて、立派な大人像というのが崩壊している**ので、自分たちで素敵な大人像を作っていかなきゃならないということなんです。

槇村　お年頃になると、いろいろごまかそうとして残念な結果になる。

地曳　**〝これ一枚さえ買えば〟みたいな魔法の服とか、ぐんと格好よく見える魔法の一足とかがあまり効かなくなる。**普通に見えることが昔の最高ぐらい、効きが悪いですよね。

槇村　雑誌で今まで見てきたものは通用しなくなるってことだよね。前頭葉のカセットを全部外したほうがいいかも（笑）。

地曳　それかソフトウエアを入れ替えるとか（笑）。

槇村　頭を切り換えることだよね。あるときそれまでの服が似合わなくなるというのは、体力的にも精神的にも、服に負けるからというのもあるし。私の場合は、一時体が弱ったときに、気持ちもなよなよしていて、それまで着ていた尖《とが》った服を着たらすごく変で、全部若い人にあげちゃった。

地曳　早く気がついてよかったですよ。自分が変だと思ったらとっととやめるほうがいいんです。自分の足を引っ張るものは処分したほうがいい。

でも、戦後の復興期を経験した親に育てられた私たちには**〝洋服を捨てることに対する罪悪感〟という呪いがかかっていて捨てられない**んですよね。ファッションというより「ファッション宗教」。本当に物のなかった時代はじゃあ直して着ましょうとか、そういうのがあったけど、今は着物だって洗い張りしただけですごくお金がかかります。

みんなおしゃれに見られたい

槇村　祖母や母親の言葉の呪いのまま、その精神だけが残っちゃった。洋服の世界はもうそういう時代のものとは違っているのに。

地曳　その精神で忠実に生きていたら、新しいものなんて、こんなに買ってないですよ。セーター二十年ぐらい着ますよ（笑）。そこが二面性で、そういう精神を持ちつつ買っちゃうというのは、この世代特有。今の三十歳にはない感覚。

槇村　捨てられないけど、**でも、センス悪いと思われるのはいやなんだよね**。

地曳　そこなんですよ。みんなおしゃれに見られたい。そういう欲があるんです。〝すっかり大人〟世代には。「私なんて全然構わないから」という人だって、結構こだわっていたりする。

槇村　欲望にもうちょっと忠実に生きたほうがいいと思う。時間ないから（笑）。

地曳　そうそう、**自分を楽しませてくれない服とか足を引っ張る服を着ている時間はないんです**。素敵な夏のワンピースを着られるのもあと二十回かもしれない（笑）。昔似合っていたからと捨てずにおいた服を、もったいないと思って一回着ちゃったら、スポーツと一緒で、スタメンのスターが出る回数が一回減っちゃうんですよ！

槇村　そういう風に考えると、**今着る服、今着ておかなきゃいけない服は何なのかがわかってくる**気がするよね。

ティンカーベルとウェンディ

地曳　これからは、魔法をかける場所を絞り込む。

槇村　**選択と集中！**

地曳　余計なことにかまけている暇はないですよね。自分が気持ちいい、**無理せずにいられる服を選ぶしかない**。それはその人のコンフォートゾーンにある服なんだけれど、ゾーンだから幅が広い。いちばん下に行ってしまうとジャージー、ノーブラとかになっちゃう（笑）。だから、できればゾーンの半分より上で選びたい。そしておしゃれな人は、いつも、ゾーンのちょっと上、半歩から一歩上ぐらいを目指しているんです。無理しない。ハードルを上げすぎない。

槇村　ハードルを上げすぎるとイタくなっちゃうし、諦めると老け込んじゃう。

地曳　「ティンカーベル症候群」と「ウェンディ症候群」ですよ。

ハードルを上げすぎるのがティンカーベル。ピーターパンを助けるけれど、みんなを危険なところに連れて行ってしまうような、お転婆でイケイケのアグレッシブパンク。諦めるのがウェンディ。良妻賢母で、お姉さんで、子どもたちの面倒を見て、家を守り、男の人が冒険に出るのを引き留めるような人。服のステレオタイプもだいたいこの二つに分かれるんです。両方あるぐらいがいちばんいいけど……。

槇村　どちらかに偏りがちだよね。型にはまっていると安心というところもあるのかな。でも、〝私〟があれば、そこまで走りすぎにはならない気がする。

地曳　確かに。その証拠に、トークショーとかで質問するような人は、意識が高いから、実はわかっていて、すでにいい感じのおしゃれをしているんです。多分この本を

時間がかかっても出会えたりして……中高年のだいご味。

読んでくれている人も、そうなんだと思う。だからこの本は、最後のひと押し!

槇村　ピッと自分を押してあげましょう!

「私のキャラは、
ロック追っかけオバサンかな（笑）。」

「私は変な漫画家（笑）。」

おしゃれ
DO! & DON'T!
1

〝すっかり大人〟世代は、おしゃれと健康がリンクする

DO!
革靴は第二の皮膚と心得て

DON'T!
履きやすく脱ぎやすい革靴

四十代前半はまだ履けていた七センチヒール。四十代も後半に入って脚力が衰えるにつれ、だんだん四~五センチヒールしか履けなくなり、それも無理になってきます。そして履ける靴が限られてくると、着られる服も限られてしまう。服だって、五十肩で手が上がらなくなったら、後ろのファスナーを自分では上げられなくなります。後

輩の結婚式や同窓会など、たまにしかないオケージョンのパーティのときでも、行く前は気合いでファスナーを上げられるんだけれど、帰ってくると下ろせない。脱ぐのがきつくなる（笑）。

すっかり大人になってしまうと、健康とおしゃれは切り離せないんです。

たとえば革靴。革靴は第二の皮膚と考えて、ぴったりしたものを履くほうが、足も浮かないし、健康にいい。でも私たち日本人は草履《ぞうり》文化で、ほとんどの仕事は草履を脱いで家でやっていたし、昔は旅でさえわらじでしたよね。祖母が着物を着ていた世代だから、私たちでさえ、靴に対する概念がちょっと違っていて、いまだに革靴も履きやすくて脱ぎやすいほうがいいと思っちゃう。でも、もともと革靴は西洋のもので、西洋人は朝履いたら夜ベッドに入るまで脱がない。トイレに入るときにも脱がない。一日中履いています。革靴を履くときにはわざわざ腰掛けて靴ベラを使い、脱ぐときにも、腰掛けて踵《かかと》を持って脱ぐんです。

つまり、いい革靴とは、履きづらくて脱ぎづらいものなんです。

革靴は痛いと思うかもしれませんが、足にきちんと合っている革靴は痛くありません。だからこそ足にぴたりとくっついて、がんがん歩けるし、土踏まずにアーチがちゃんとある足になる。今や日本も普通に洋服を着て西洋的な生活をしているわけだから、自分の足に合った革靴を履くべきです。最近は、靴屋やミスターミニットなどで外反拇趾《がいはんぼし》など痛いところだけ伸ばしてもらうこともできます。

踵がすごく減ったまま、あるいは、ヒールの先が取れてしまいカツカツと音がするまま歩くのも、体によくありません。私は毎週チェックして、ちょっとでも減っていたら踵を替えています。

とはいえ、外反拇趾の方やどうしても当たるところがあって痛いなど、革靴を履きたくない場合もありますよね。

そんなときにはスニーカーです。

若い頃に履いたコンバースも中敷きなどが進化しているし、今のスニーカーは、シークレットソールではなくても、踵に三センチぐらいのインソールが入っているものも多い。履きやすくバランスも取りやすい。

特に、今はちょうどスニーカーブームなので、ロングスカートでもワンピースでも、

はきづらい靴No1
ヒモ靴。
どんなに便利でも
ジッパー靴は　はきませぬ

スニーカーを合わせるとおしゃれに見えます。すごくシンプルな服を着ていても、ナイキとか、それこそ一万円前後で買えるようなスニーカーを履いていたら「この人素敵」ってなるんです。ギョーザ靴をスニーカーに替えるだけで、足にもいいし、格好よく見えるんですね。しかもコラボスニーカーなどでもそれほど高くありません。たとえレザーの少し高いものでも、おしゃれなブーティと考えれば安いくらい。私たちの世代は、スニーカーだと思うから腹が立つんです。

ヒールがなければ革靴でも大丈夫という方は、ぺったりしたコッペパン靴をローファーやひも靴に替えれば、ナウい格好に大変身。

履きやすく脱ぎやすい靴を履いている人は老けて見えるし、靴がひどかったら、どんな格好をしていても終わり。人は足もとを見るといいますが、本当です。

靴モンダイ
マノロも
ルブタンもステキ
ジミーチュウを
買った時は
コーフンしたっけ
靴フェチ仲間
S.A.T.C
キャリーさん
もー無理だ〜
もー60だー
ヒールでなくて
トゥで長さを出す。
長い・・・・(カナ?)
スニーカーは
量感のあるのが
好き
ドン!
ヒールが無理になっても
絶対はきたくない
ギョーザ靴
木型の
良いものを
○
×

おしゃれ
DO! & DON'T!
2

肉の雪崩《なだれ》に勝つ

DON'T!
ズルッとした
ユルユル服

筋肉が衰えると、そこを埋めようとして脂肪が増えるという恐ろしい話を耳にしたことがあるんですが、実感としてなんとなくわかりますよね。若い頃のように内側から押し出すようなパーンと張り切ったものがないので、服に支えてもらわないとダメなんです。肉が雪崩となって服の中に押し寄せるから(笑)。

ラクだからといって、雪崩が起こるままにユルユルした服を着ていると、全体にズルッとしてしまい、老けて見えてしまいます。どこかきりっとしたところがなくてはいけません。ボリュームのあるトップスならボトムを細く、トップスがコンパクトなら、ボトムにボリュームのあるものを持ってくるなど、上下でメリハリをつけることが大切です。

〝すっかり大人〟は、胸の位置も変わってきます。若い人向けのパターンで作られた服を着ると、脇の下から胸にかけてのラインがつれてしまうんです。ですから私がディレクションしている服は、バストポイントを五センチほど下げています。無理なくバストをホールドするわけです。

背中も、肉がゆるくなって老いを感じさせる場所ですよね。長年合っていないブラジャーを着けているために、肉が変なところに移動してしまっていることもあります。

ヒップも下がりますよね。ヒップと太ももの境目がわからなくなったのはいつのことでしょう、というくらいに（笑）。

着ることはできました。
けどーー
何このシワ
パリッとした生地
パターンが若者向けなのだ
あきらめます
はい
ここでムリしてもしょうがない
まろやかになってしまった体にはそれなりの服がありマス。
どこかシメる

おしゃれ
DO! & DON'T!
3

大人になるほどちょいデブかちょいヤセしかいない

DO!
ウエストゴムのボトムは救世主

DON'T!
Mサイズ妄想は悪魔のささやき

四、五十代で本当のMサイズの人って、少ないんです。ほとんどいません。だいたい「ML」か「MS」。どちらかに寄っているんです。

「私、Mなのよね」とか「Sでも入るのよ」とか。

そんなふうに言えちゃう自分って素敵、という気持ちはわかるんですが、身長と体重が同じでも、ヒップがLでウエストがSとか、バストがLでウエストがMだけど、ヒップはSという人もいるんです。同じ人の中に、L、M、Sが混在している。若いときには、ソーセージのように中に詰まっていたものが、年を取ると、ところどころパチーンと割れて、ムニュムニュと肉が出てくる感じです(笑)。

サイズの基準は決められていても、ひとつのブランドの中で、デザインによってはたっぷりしたMだったり、かなり細めのMだったりすることもあります。袖丈や着丈もいろいろ。

そういった意味でも、「私はMなの」と思って妄信的にMばかり試着しているととんでもないことになります。

Mだと思ってもワンサイズ上と下、パンツだったらもっといろいろなサイズを試してみてください。洋服ってすごく不思議なことに、サイズが違うだけで、やせて見えたり、太って見えたりするものなんです。二、三キロ違って見えることもありますよ。

トップスを選ぶ場合、やせている人は、サイズをひとつ上げるくらいのほうがバランスがいいときもあります。多少ゆとりがあったほうが、ボリューム控えめな部分を

『Real Clothes』第6話より（集英社文庫〈コミック版〉）

隠せますし、かわいく見えるんです。

私のように胸にボリュームのある人は、大きいサイズを着ると、そのサイズ全体に肉が詰まっているように見えて本当に大きい人になってしまうので、ぴったりサイズがいい。ただし、ぴちぴちはダメ。この年になると、公害です（笑）。

ボトムの場合、サイズが混在している体型問題を解決するには、ウエストゴムのものがいいですね。着ていてラクというだけじゃなく、サイズが混在するボディに効きます。ウエストゴムはヒップが大きくてウエストが細い人も、ヒップが小さくてウエストが太い人も、どちらも着られる。普通のボトムだと、ヒップとウエストのどちらかに合わせると、もう片方が合わなくなることも多いですよね。

ウエストゴムなら、この微調整が利くんです。

今はいいデザインのものがいろいろと出てきていて、前半分はウエストベルトで、後ろだけゴムになっていたり、着るとゴムが伸びてゴムが気にならなかったり、デザインとしてゴムが入っているタイプもあります。

サイズ感を極めれば
オシャレ度が3割増
何のこと？
一番ヤセてみえるサイズを選べって話
方法はただひとつ
同じ服のサイズちがいを全部着てみる
何回も着てみる
「比べて」「ちがい」を覚える
めんどくさ～
さようなら～
それぐらいサイズ感大事
カットソーTなら2サイズ買っとく。
ヤセてる日はS
デブの日はM
太パンツにはS
タイトの日はM

おしゃれ
DO! & DON'T!
4

やせたからって おしゃれにはなれない

DON'T!
やせのブランド女は もう化石

〝すっかり大人〟世代は、たとえやせても、それだけでスタイリッシュになれるわけではありません。実際、トークショーに来場した方が「だいぶやせて着られる服の守備範囲は広がったけれど、おしゃれになれませんでした」と告白して、会場中から「私も！」「やせたけど選べる服が増えただけ！」という賛同の声が上がったことも。

八〇年代、九〇年代はやせていてハイブランドものを着ていればおしゃれに見えましたよね。ハイブランドを着るからにはやせていないとファッションにあらず、と思い込んでいた。つまり、私たちの世代は、ハイブランド信仰で〝やせていないとおしゃれに見えない〞という呪縛にかかっているんです。

でも今のハイブランドものは、着こなしが難しいデザインが多いですし、トータルで着なければ素敵に見えなかったりします。しかも高価で、普通の生活を送っている私たちには手が届かない。

逆に、今はこなれた価格で、ほどよいトレンド服が手に入る時代。おしゃれの価値観が変わってきたからこそ、逆襲のチャンスなんです！

四、五十歳代になったら、やせることはゴールではなく、出発点。自分のキャラにあった着こなしを模索していくしかないんです。もしかしたら、少し太っているくらいのほうが、努力しておしゃれになるのかもしれませんね。

幸せそう
かっこいい
頼れそう
もう
太いー細い軸だけでは
まにあわない。
正真正銘の大人だもの。

おしゃれ
DO! & DON'T!
5

今どきブラウスのイン・アンド・アウト

DO!
ボリュームスカートにブラウスをイン

本来、アウトにして着るブラウスとインに着るブラウスは、ボリュームやバランスが違います。体型カバーのつもりでもイン用をアウトに着てしまうと、バランスが狂ってしまうんですね。

アウトにしてはいけないブラウスをアウトに着ると、〝アウト〟になっちゃうということなんです（笑）。

特に、ここ最近人気が高いボリュームスカートは、ブラウスをインに着るほうが断然スタイリッシュ。インに着なければ、ファッションは負けといってもいいくらい。しかも、インの着こなしはやせている人にしかできません。

一方、私たちはバスト、ウエスト、ヒップの差がなくなる世代。「お腹周りが気になって、インに着るなんて、とても無理」という方も多いですよね。

そこで提案です。〝まるでインに見える目くらまし〟でごまかしましょう。今は優秀なイン風味のブラウスがいろいろと出揃《でそろ》っているので、それを組み合わせて。たとえば布はくのTシャツ風デザインや、前が短く後ろが少し長めのものなど、アウトに着ているのにインバランスに見えるブラウスがおすすめです。

ところで、スカートの選び方にもひとこと。私のように腰骨が張っている人がギャザースカートをはくと、ボリューム倍増で、一〇キロぐらい太って見えてしまう（笑）。腰骨が張っている人、ふくよかな人は、タイトスカートのほうが似合いますよ。

IN・OUT モンダイ
今は アウトは……アウト！
パッと今風になる
多少腹が出てもネ
IKUKO CHECK
トップスの前か後ろどちらかをイン！
or

おしゃれ
DO! & DON'T!
6

あなたたち、本当に脚を長く見せたいの？

DON'T!

ボリュームの違うボトムでトップスを着回すのは厳禁

脚を長く見せたいと思ったら、今は、ボトムのボリュームに合わせて、トップスを変える必要があるんです。法則はこんな感じ。

ボリュームのあるボトム（今ならワイドパンツとふんわりスカート）

↓丈が短めの、コンパクトめのトップスを

ボリュームのないボトム（今なら細身パンツとタイトスカート）

↓トップスは長めでもOK

ボリュームのあるボトムに合わせる短めトップスの丈の目安は、前身頃がウエスト、もしくはウエストのちょっと下ぐらい。短めのほうが視線が上に引っ張られるので、下半身を長く見せるんです。後ろ身頃は少し長くてもいいでしょう。もちろんインで着てもいいですよ。

ボリュームのないボトムに合わせる長めトップスの目安は、前身頃が太ももの付け根よりちょっと上か、ぎりぎりぐらい。そうすると、目の錯覚で脚がずっと続くように見えて脚長効果があるんです。できれば前後差があって、後ろ身頃はヒップまで隠れる丈がいいですね。胸の豊かな方は胸のボリュームで五センチほど短くなってしまうので、気をつけてくださいね！

さて、今、短い長いっていったい何センチ？　と思っているアナタ。体型は十人十色です。ひとりひとりにちょうどいいバランスがあるんです。逆に何センチと決めつけてしまうと一生おしゃれになれませんよ。

トップスが股ギリギリだと脚長に。
錯覚スル。
IKUKO CHECK
トップスの前後の長さがちがうのもオススメ
全身でバランスを見る。
極太パンツはエレガントに

おしゃれ対談 2

スタイルより自分の〝キャラ〟を確立しよう

槙村　お年頃にやってくるフリーフォールみたいに、自分でどうこうできないことは、もう割り切っちゃうしかない。**いつまでもそこにこだわって、あれがないから、これがないからって言っていても、仕方ないんだよね。**

地曳　そうそう、たとえば私は顔のシミをひとつ取り忘れちゃって、今もあるんだけど、言わなきゃわからないじゃないですか。こういうシミをすごく気にして厚化粧してしまう人もいるんです。でも私なら、まだ手のほうがましだから、赤いマニキュアしてみようかなとか考えるわけです。

槙村　**得意分野を活《い》かすってこと**だよね。

地曳　そうそう、でもね、毎日同じものを食べ続けられる欧米人と違って、私たち日本人は、懐石料理派というか、小鉢料理派なわけで、わりといろいろなキャラに手を出してしまいがちなんです。

槇村　ああ、はーい（笑）。

地曳　だったでしょう（笑）。メタモルフォーゼみたいな。

槇村　あるときはほぼ金髪だったし、裸同然って言われたこともある。いつも日に焼けていて、ミニスカートで、アクセをがーっと着けたときもあるよ。

地曳　私も髪の毛立ててパンクスだったときもあります。

槇村　ジル・サンダーとか気になったこともある。

地曳　うん、大人としてはね。

槇村　で、ケイト・スペードも気になるわけ。香港に行けば香港マダムが素敵で、すぐまねしてみようと思ったり。キャラブレが激しい（笑）。

地曳　私も香港に行ったときにオーダーでゴールドのチャイナドレス作った。

槇村　神戸のきれいな作家さんとか、パーティで会うとわかるじゃないですか。名古屋とかもきれいでびっくりする。で、まねしようと（笑）。

地曳　それはいいことで、「洗練された都のカルチャー」というか、神戸や名古屋は、今やカジュアルが上手。基本のヘアメイクがきれいだから、カジュアルな格好してスニーカー履いても素敵なオバさまになっているの。

槙村　都があったところの雅《みやび》な女性に学べ！

〝キャラ〟は一、二個に絞り込む

地曳　とはいえ、キャラは絞らなくちゃいけない。あれもこれもは無理。

槙村　そうそう、いろいろ諦めざるをえない（笑）。選択と集中です。漫画のシチュエーションだと、女の子って、心ならずも相手から迫られてとか、責任転嫁するのが好きなんだけど、もうそんなことは言っていられない。**自分で選ばなきゃ。**

地曳　**自分ができるキャラ一、二個に絞り込んだほうが、お金も時間もかけられるから効率がいいんですよね。**

槙村　似合っている率が高くなる。

地曳　他のキャラを演じている時間もないし（笑）。そうやって残ったキャラがその人のスタイルになるんです。最初からスタイルを探しに行っちゃうから迷う。
二割引の法則というのがあって、今はみんなだいたい年齢の二割引ぐらいの気持ちで生きている。たとえば二十歳の人は十六歳ぐらい。でもね、私たち、すごくいっぱい引けちゃう（笑）。せめて一割引ぐらいにしないと。二割引を目指すとイタくなっちゃうんです。

槇村　それが大人というもの。客観的に自分がどういう状態なのか見られるというのは、すごい大人だと思う。それができないときにジタバタしちゃうんだよね。

地曳　キャラの中のバリエーションを増やしていけばいいと思う。キャラをいっぱい持つと、そこからはバリエーションは出てこない。極められないから。私のキャラは、ロック追っかけオバサンかな（笑）。

槇村　私は変な漫画家（笑）。そう思われるのに何のイタさも感じない。むしろこのキャラでいるほうがちょっとラク。

地曳　**うまくお年頃を乗り越えたというか、ラクですよね。あらがっているうちは辛《つら》かったんだよね。**

槇村　こんなはずじゃなかったとかね。でも大丈夫。ハードルを下げれば跳べる。
地曳　〝ビリギャル〟ですよね。とりあえずできる問題から。

大人のおしゃれはミルフィーユ

槇村　今こそそれをやるときだよね。長生きしている分だけずうずうしくなっているから、そこは諦めないでコツコツできる粘っこさが出てくる。
地曳　できることからコツコツと（笑）。
槇村　私たち急変しないし（笑）。
地曳　すごくやったつもりでも、効果はほんのちょっと。でも仕方ないから、そのちょっとをミルフィーユのように重ねていくしかないんですよ。一見増えていないように見えても、重ねていくしかない。若い人はいきなりスポンジケーキだけど。
槇村　**でも味はひとつだよね。逆に大人は味わい深い。**
地曳　**大人のおしゃれはミルフィーユ（笑）。**
槇村　自分はこんなものかと思ったときのおしゃれに見えるポイントって何だろう。

地曳　うまい引き算だと思う。ただ、モデルじゃないんだから、本気の「ノームコア」は私たちには難しい。あっさりしすぎちゃう。塩加減と一緒で、たとえば、私はちょっと顔の造りが派手だから、黒の安ニットを着ても、ネイルとかをすれば少しマシになる。ヘアカットもTWIGGYだから何とかなるんだけど、どちらもなかったら単なる安ニットオバサン。オバサンとしてのノームコアは、やっぱりネイルはして、カットは月イチ、どんなに高くてどんなに予約が取れなくてもちゃんとしたところに行かないと。

槇村　**効かせどころだよね。そういう指先とか靴とか、目に見える先端部分。**

地曳　逆に顔とかヘアスタイルとかがコンサバなら、服は少し派手にしてもいいと思う。服を派手にしたら、デコネイルとかしちゃダメ。デコネイル好きな人がデコネイルをするのはいいんだけど、やりすぎはおしゃれに見えづらくなる。十本全部にしてはいけない。

槇村　全体のバランスだよね。

地曳　デコネイルしたいんだったら、他があっさりしていたほうがデコネイルが目立つんです。**料理の味つけで考えればわかる。甘辛ぐらいがちょうどおいしい。**
槇村　料理と一緒だよね。それと、服に着られちゃっていると思ったら、もうアウト。
地曳　そこは勘ですよね。よその人が見て負けてると思っても、本人が負けてないと思っていれば負けてないんだもの。
槇村　深い。でもその通り。

脂肪のコントロールは諦める

地曳　服とは全然関係ないけど、大人はやっぱり姿勢じゃないですか？
槇村　私もそう思う。**背中が丸まっていると、何をしてもダメで。**
地曳　そうなんですよね。胸筋を伸ばさないと。腹筋が強すぎてもダメで、私たちお年頃は背筋もやらなきゃ。背中に物差し入れたいくらい。
槇村　力感のある体というのかな。**パワーとはまたちょっと違う、しなやかさと強さがある体。**もう脂肪のコントロールは諦めたほうがいいと思う。五十歳は（笑）。
地曳　**脂肪のことを考えている暇があったら、筋肉と骨を考えろ（笑）。**

槇村　でもたるみは気になる。

地曳　シワよりもたるみ。そういえば、私は、香港の女医さんに「あなたが太っている原因は水です」と言われて、水をコントロールしたらやせたんです。水がたるみの原因だったのかも？

槇村　たるみは、究極的に、重力との戦いだと思う。でも、**小さいことをコツコツとやっていれば、十年後の成果はだいたい違うんだから。**

地曳　そう、十年後の同窓会で笑うのは誰？

さとるのキラキラ

ある日
雷に打たれ
何の知識も
ないまま
よく日入門
決めた
コレ踊る!
宮嶋秀行
清水寿恵
飛びこんだら
ディープなスポ根ワールド。
ひとりで
どこへ行くの
ですか〜〜?!
僕を
見て下さーい
危ないですよー
健康 ダイエット
姿勢 ウォーキング
マナー 言葉使い
ノンバーバルコミュニケーション
全て学べます
細胞活性スル。
※私の主観です。
私以外はみなさん
優雅です。
Life is Dancing
MIYAJIMA HIDEYUKI DANCE SCHOOL IN NISHIEIFUKU

「カットソーTは二サイズ買っとく。
ヤセてる日はS、デブの日はM。」

おしゃれ
DO! & DON'T!
7

大人ワンピースには落とし穴がある

\DON'T!/
短め丈ワンピースはチュニックではない

一枚で着られてサマになるワンピースは黄金のアイテムですよね。トップスとボトムの二アイテム分投資して、いい一枚を手に入れたいと思うアイテムです。

ところが、落とし穴があるんです。

それは、膝が半分以上出てしまう丈のワンピース。大人にとっては、膝が半分以上出るワンピースはもうワンピースの役割を果たさない。

かといって、「下に細いパンツをはいたらどうですか？」と、試着しているときなどに言われてうっかり合わせてしまうと、おかしなことになる。ただのワンピース×ズボンになってしまうんです。おしゃれな感じからはほど遠くなってしまいます。

ちょっと前に、若いブランドのミニワンピースをチュニックとして着て、ボトムにスパッツを合わせたことがありませんか？　それがそもそもの間違いで、ファッション崩壊の始まり。そのスパッツを細身パンツに替えて、今の短め丈のワンピースに合わせてしまうと、格好悪く見えるんです。

もちろん本物のチュニックなら問題ありません。

チュニックとして「パンツに合わせるべく」デザインされているものなら、きちんとバランスがとれます。でも、ワンピースはやっぱりワンピース。特に身長が平均一五八センチぐらいの私たちでは、ワンピースにパンツを合わせると、ワンピースから出るボトム部分が少なすぎて、脚が短く見えてしまいます。

おしゃれ
DO! & DON'T!
8

二十一世紀のニュアンストップスは七難隠す

DO!
大人トップスは“雰囲気”と“愛嬌《あいきょう》”が肝

二十一世紀を迎えてはや十数年。ニュアンストップスのバリエーションは果てしなく広がりました。それを単なるトレンドととらえるのではなく〝七難隠し〟トップスとして見直してはどうでしょうか。

四十歳以上になってくると、普通のMサイズの女性はほとんどいなくなって、すごくやせている、もしくはふっくらしている方が多くなります。そうすると、八〇～九〇年代に流行《はや》った、シンプルできれいな服は難しくなるんです。たとえばピラティスに週三回ぐらい行って、ヨガもやっている、なんていう方なら、ごくシンプルなVネックニットとか真っ白なシャツを着てもとっても格好よく見えるんですが、いろいろ気になる部分がある場合は、それが目立ってしまう。

そんなときに助けてくれるのが、ひらひらしたディテールなどを工夫したニュアンストップス、つまり〝雰囲気〟と〝愛嬌〟のあるトップスです。

レイヤー風になっていたり、ペプラムが付いていたり、ちょっとバイアスになっていたり、異素材を組み合わせたりと、最近はさらにいろいろなタイプが出ています。若い頃着なかった柄にもチャレンジしてみましょう。

トップスにニュアンスものを選んだら、ボトムはシンプルに。上も下もデザインの入ったものにすると、こってりした変な人になっちゃう。そうするには身長が足りないんです！　日本人の平均的な身長なら、どちらか一方に取り入れるのがいいと思います。

ここでご紹介したいのが、「流行もの五〇パーセント×ベーシックもの五〇パーセントの法則」。流行ものとベーシックものを同じ割合で取り入れるんです。この割合を間違えると、〝流行ものを着た素敵な大人スタイル〟という細いロープから真っ逆さまに奈落の底へ落ちてしまいます。ニュアンストップスは流行ものですから、シンプルボトムを合わせれば、この法則をクリアできます。素敵にロープを渡りきれるんです。

シンプルボトムは今まで着なれたものを選びましょう。たとえばストレートパンツとかひざ丈スカート、デニムです。そうすると、上はニュアンストップスでもバランスが取れてイタくなりません。

どうしても取り入れるのが難しいという場合は、ストールや小物から始めるといいでしょう。

特にストールはレース×ウール、シルクアニマルプリント×カシミアなど、昔では考えられない素材の組み合わせがあります。年を取るとソリッド（単一素材）なものは似合わなくなりますから、異素材を組み合わせたアイテムは何かと便利です。かと

今の服面白い。
エリが抜けてたり
不思議なところでつまんであったり
着るとけっこうな体型カバーカ♡
ソデ付けがおっこちてたり
上品な胸の人にはこんなのもステキ
ピケとかポンチとか
お腹かくし(笑)ペプラム
がっちりした人にはシルクやレーヨンでトロンと

いってあまりごてごてしたものを選んでしまうとファンシーな世界の住人になってしまいますので注意してください。

繰り返します。〝すっかり大人〟は〝雰囲気〟と〝愛嬌〟で勝負です！（笑）

おしゃれ
DO! & DON'T!
9

黒ずくめのあなた、今日、魔女の集会ですか？

DO!
素材を変えて黒にメリハリをつける

DON'T!
黒にパールはもはや華やかの真逆

たとえば同窓会などでやってしまいがちなのが、全身真っ黒の着こなし。
今日は魔女の集会ですか〜？　みたいな（笑）。
しかもついパールを合わせがちだから、それこそお悔やみの装いになってしまう。
黒で華やかにするというのは、実は難しいんです。

黒のレーススカートに黒のシフォンブラウスなど、素材を変えてメリハリをつけるとか、パンツスーツでも、タキシード風のものなら華やかな感じになります。同じような素材で全身黒というのは、よほどデザイン性があるもので、着る人も素敵なボディでなければ厳しいですね。肌のハリもだんだん衰えて顔の力も弱くなっているので、あまり辛口だと耐えられないということもあります。

毎日の着こなしでも、つい全身黒にしてしまうのが私たち〝すっかり大人〟世代。それなら、トップスかボトムのどちらかを濃い目のグレーにするなど、やっぱりちょっとハズすほうがいい。黒とグレーだけでなく、黒と紺、黒と茶など、昔だったらアウトだった組み合わせが、今は逆におしゃれにも見えます。

インナーやタイツなど、ちょっとした分量で、ちょっとハズすだけでも効果がありますよ。

他の色をプラスするときに、黒ならではの着やせワザを効かせることもできます。たとえば黒のアウターの前を開け、インナーに違う色を合わせる、あるいはストールの端を長めに垂らすなど、別の色で縦線を作ると、黒が強調されて細く見えるんです。

実は黒が似合う人は少ない。
ベージュもピンクもね
「ベージュ」の中にも色相があってかくれている色を見つけるのがキモ。
顔が老けない方！
頭を使う。
ALL BLACKS
光を吸いこむ黒と
顔まわりはチャコールでソフトに。
中高年に不足する「輝き」の黒
黒パンプスはフォルムをキメキメで。

それから、黒を着るときには、しっかりメイクをすることも大切。くすんだ顔色やハリのなさが強調されてしまうので、すっぴんはありえません。

昔は髪が黒かったけれど、この年になれば、白髪染めを使います。真っ黒にするとキツいので少し明るい色にしますよね。みなさん若い頃より髪が明るくなっているんです。そして瞳の色もだんだんと薄くなってきます。若い頃は黒い髪に黒い目だったから黒い服が似合っていたのですが、もはや、黒い服はキツすぎてしまう。

というわけで、自分がハーフかクォーターになったつもりで、色を選ぶといいんです！　よく観察してみると、海外ドラマなどでも、全身黒を着ている白人は、必ず黒髪か金髪の、パンクスかロッカーだけですから。

モノトーンTOKYO
水墨画のよう
そういう私のクローゼットもかなり黒
あら～
あとは黒に合わせる紺グレー白キャメルピンク黄
もう私着るものは一生同じでもいいの。
太パン
ボーダー
ロンタイ
ベースボールシャツ
トレンチ
デニム
ダウンベスト
ダッフル
ベーシックをアップデートで大満足、多分。
あとは小物でどうにかするんだ
私はルブタンのぺたんこゲットしました
IKUKO CHECK
ティファニーのボーンカフは㊤も㊦も持ってるおそろい

Column

大人の金のかけどころ

DO!

・同窓会当日のナチュラルなセットとメイクがうまい美容室とネイル
・立食の同窓会での二時間立っていられる靴とバッグ
・ウォルフォードやフォーガル、ピエールマントゥーのグレーのタイツ
・上質のコンフォーターケース
・二〜三年に一回買うブランドバッグ
・貴金属のきらめきやキラキラ
・イニシャル入りの白いハンカチ
・コラーゲンやプラセンタや青汁

DON'T!

・着席の同窓会での凝ったボトム
・衣裳《いしょう》ケースの中のずっと真新しいものと同じ系列のもの
・買ったときに履いて帰れない靴
・中途半端な値段のトップス
・重いコートと重いバッグ、重いネックレス、重いピアス

お金のかけ方をチェンジする

昔は誰もが「晴れ着」にお金をかけていました。でも今ではかけつけZARAやCOSなどで間に合ったりするので、もう焦らなくていい。しかもオケージョン服の機会も減る。そこで**毎日着るものとか毎日使うもの、家の中で着るものにかける**。**お金のかけ方をチェンジする**といいと思うのです。よそ行きの靴より毎日の靴にお金をかける。**ブランドものも、よそ行きのものでなく、毎日のものを買う**。箱にしまってお

くようなものを買っても、もう開けることがないかもしれないし。お金のかけどころを考え直すのが今の時代です。

いく子流買い物のコツ

四十五歳過ぎた頃から、買えるもののある場所が減ってきましたし、欲しいものはすべて高くなりました。そんなときに登場したのが、ユニクロ、ZARA、COSで、ブランド志向だった人も、このあたりの服をうまく使うようになりました。

そもそも買い物は真剣なもの。大人になったら、疲れていたり、心がすさんでいるようなときには、買い物はしない。調子がよく「よし、買い物をするぞ」というとき、**意外とおすすめなのが昔、母親と行っていた百貨店です。自分の年齢に近い販売員がいて買いやすい。**化粧品のカウンターも、四十歳前後のこぎれいな販売員がいるところやクリエーターが同世代のブランドを狙って行きましょう。丁寧に接客してくれますよ。気になるところをコンシーラーのポイント使いで的確にカバーしてくれます。

靴を買うなら、買ったときに履いていった靴は捨てて、その新しい靴に履き替えて帰れるくらいのものを。足に合っていなければ履いて帰れませんし、**そのときの服に合わないなら結局履かない**靴なんです。

それから試着は時間をかけてください。若い頃の二、三倍は必要です。パンツでも、一本だけ持って試着室に入るのではなくて前後のサイズ、同じ感じでちょっと違うものなど、何本か試すといいんです。それが面倒だと思うときには、買い物はしないことです。

逆転を狙える、下克上の世界

同窓会というと張り切りがちで、いちばんやってはいけないのが、家中の金銀財宝を身に着けたり、「お似合いですよ」とおだてられて買っちゃった派手すぎるドレスを着ていったりすること。ただ、同窓会はある意味チャンスで、昔、すごい美人だった人が、手入れが悪くて思いがけなく老けていることもありますし、ちょっとぽっちゃりしていて愛嬌がある感じだった人が、逆にそれほど老けていなくて、〃かわいいおばちゃま〃になっていたりするわけです。

同窓会は逆転を狙える、下克上の世界なんです。

狙いどころは五位入賞から三位ぐらいまで。

いちばんお金をかけたいのは、**美容院に行ってヘアメイクしてもらうことです。眉も整えてもらいます。**そのとき、パーティとは言わず、いつものカジュアルな感じで作ってもらいましょう。どんな服を着ても三段階ぐらい上に見えます。どんなにいい服を着ていても、「さっきまでお皿洗ってました」といった感じの乱れた髪や、昔のお化粧で行ったら、もう負け。

ネイルに行くのはいいのですが、デザインしすぎはいけません。アートを入れるにしても、一本か二本ぐらいにとどめ、ナチュラルとか一色のみ、二色でもフレンチなどにしておいたほうが美しく見えます。また、アクセサリーは控えめにすること、大きなバッグを振り回してシャンパングラスをなぎ倒さないこと。それがたとえ高価なブランドバッグであっても。

本当に肌あたりが良くて
触れている自分が
幸せになるもの。
自尊心が上がるわあ
（だれもほめてくれないので
自分でUP）
ヴィンス
スリードッツ
型くずれしにくい
破けても着てる クリステンセン
私はジェームスパース
Sacai
ハンロ

そして、これは大事なことですが、**着席か立食かで、お金のかけどころが変わります。**

着席ならレースのスカートをはいても見えないのでお金をかけない。逆に、グラスを持つ手は目立つので、**ハンドクリームを前日からたっぷり塗っておいて、当日必ずネイルに行くほうがどれだけ効果があるか。**

立食であれば、ずっと履いていても足が痛くならない、**四～五センチヒールぐらいの格好いい靴や小さめの素敵なバッグにお金をかけましょう。**バッグは小さいほどいいですね。会場に着いたら大きなバッグはクロークに預けてしまいましょう。

冬であれば、**コートは脱いでしまうので、ユニクロのダウンでもいいんです。**それよりも、ストールにお金をかけたほうがいい。借りてでもファリエロサルティのストールを持っていきたいくらいです。

服以前のお金のかけどころ

〃すっかり大人〃は、服以前にお金のかけどころが満載。私もエステに通ったり、コラーゲンやプラセンタや青汁を飲んだりしてみましたし、顔の疲労を取り除く美容鍼《ばり》もやります。手をかけたおかげで、今でも保湿と眉描きだけで、人前に出て失礼に当たらないぐらいにはなります。疲れた顔ではどんなファッションも台無しですから。

心の余裕を感じさせる買い物

私は三年に一個、ブランドバッグを買います。それも、二十万円くらいのバッグを。ただ、**買ったからには、ほとんど毎日、一年のうち三百日はそのバッグを持ちます。**雨の日や荷物が多い日に別のバッグに替えたり、二個持ちにしたり、両手を空けたいときにバックパックに持ち替えるぐらいです。

お金のかけどころというのは、たとえば高いストッキング、高いタイツ、セリーヌの靴、といった感じで、ゲームで言えばアイテムを手に入れて強くなるのと同じように、違った感じで勝負できるものなんですよね。高いメガネもそうです。サングラスやリーディンググラスにちょっとお金をかけてみるとか。夜帰宅したらメガネという方なら、家だからいいやではなく、**そこにお金をかけてみると豊かな気持ちになれます。**イニシャル入りの白いハンカチなども、心の余裕を感じさせて素敵です。

ハンロのキャミソールとか、下着にお金をかけるのはもう当たり前として、ジェームスパースのTシャツは、**本当に一年でダメになるほどヘビロテするのですが、毎年必ず三枚ぐらい買い替えています。**私の現在のキャラのひとつ、「LAマダム」は、胸もとに一センチ見えるTシャツ次第で、おしゃれかどうかが決まるんです。他に寝間着に見えないカジュアルTシャツといえばVINCEもいいですね。

タイツは特にグレーのタイツにこだわりましょう。ウォルフォードやフォーガル、ピエールマントゥーなどのニュアンスのあるものにしないと、ネズミ色でベタッとしたコンクリートのような脚に。

コレクションとしてのアイテム

靴フェチで靴にものすごくお金をかけている方も多いといいます。それはストレス解消のもので、一種のフィギュアですよね。お金をかけたとしても、コレクションだと思えば楽しい。**コレクションなのに、使おうと思うから逆にストレスになる**んです。

重いけど美しいバッグや年に一回も使わないパーティバッグも同じですね。本当に使うものとコレクションを分けた上で、コレクションはコレクションでレベルを保つ。飽きたり劣化したら処分すればいいんです。

衣裳ケースの中にずっと眠っていて、いつまでも真新しいままのものは、DON'Tの買い物だったということなので、同じようなものは二度と買ってはいけません。自分のワードローブを見直して、毎回そういう値札が付いたままのものって、実は同じようなアイテムだったりします。憧れて買っちゃったりするんですよね。そういうものは、フィギュアとして、コレクションとしてなら買ってもいいと思います。

中途半端な値段のトップスも無駄です。**お手頃でトレンドのものか、すごく高いけれど素敵なものかどちらか。**コレクションにするわけでもなく買う、人生で何回持つかわからないバッグももったいないです。

重いものはすべてダメですね。重いコート、重いバッグ、重いネックレス、重いピアス。

なぜなら人生がもう重いから(笑)。

実際、肩が凝って心身ともにストレスになります。

ヘアとメイクがキモです。
ここが決まらないともっさいオバサン確定
いく子TWIGGYでカット
rahua
私はとにかくツヤ！
メイクは「キッカ」マッサージは「スック」どちらも中年向け
ネイルは「RMK」か「アディクション」
一般向けというよりは主張がハッキリしているメーカーが好き
むくみ取ル
ツヤ出ス
カワイイ
シブイ
ADDICTION
RMK Nail Color

おしゃれ
DO! & DON'T!
10

コンサバすぎるストール&スカーフは老け見えする

DO!
巻き方はチャラ男と海外セレブに学ぶ

DON'T!
きちんとたたんで許されるのはCAだけ

日本人は真面目な折り紙文化だから、ついついストールやスカーフも端を揃えてきちんとたたんで、きれいに巻きすぎてしまうんです。

CA（キャビンアテンダント）の方たちやコンサバな職業の方、コンサバに見せたい方は、テクニックとして、そんな風に巻くのはいいけれど、普通のおしゃれでストールやスカーフをあまりにもきれいにたたんで巻くのは老けて見えると私は思います。八〇～九〇年代はそれでよかったのかもしれませんが、今は、海外のおしゃれスナップなどでも、格好よくストールを巻いている人は、適当にくずして巻いています。あえてシックスティーズ的なレトロスタイルを目指すというのも、若い子なら、ああ、流行でやっているのかな、と周りは思ってくれるのですが、私たちだと、「『バック・トゥ・ザ・フューチャー』ですか？」みたいな感じで、まるさり昔の人になってしまう。

やはり、レトロな顔には今のナウい巻き方のほうがいいんです。日本には粋な感じにちょっと崩すという文化もあるわけで、そちらにベクトルを向けて、クシュクシュ巻きにチャレンジしましょう。適当に巻くだけですから、カジュアル化のおかげで実はラクになったともいえますね。

コツは布の端と端を持って、斜めに、対角線に引っ張ること。そして、ふわっとひと巻きしたり、クシュクシュッと巻く。そうすると端の垂れる部分の分量も増えるし、柄の出方も素敵になります。

女優さんたちがモデルです。
ホッコリ
チャラ男
サルティ
ジョンストンズ
ロロ・ピアーナ
宝石のような
繊維。

このとき、左右に垂れる部分の長さを変えるのもおしゃれに見せる秘訣《ひけつ》です。

そのお手本は海外のおしゃれセレブとチャラ男。

チャラ男にできるクシュクシュ巻きを、私たちができないわけがない（笑）。

本当にきちんとたたんだほうが似合うというなら、髪もきちんとセットして、〃七〇年代のカトリーヌ・ドヌーヴ〃のコスプレぐらいの気持ちで臨んでください（笑）。髪がカジュアルなのに、スカーフだけきちんとするからおかしくなるんです。

せっかくカジュアルにしようとしても、スカーフがきちんとしているだけで、古く見えてしまいます。

逆を言えば、クシュクシュ巻きのスカーフやストールさえしていれば、今どきの着こなしに見えるということ。

覚えてしまえば、とっても便利なワザなんです。

ストールモンダイ
貧相なのはやめよう。
結局姿勢です
かけ値なしに
カッコいいアイテム

おしゃれ
DO! & DON'T!
11

ミッシーコーナーを制する者がオバサン臭さを制する

DO!
ベーシックアイテムはミッシーで調達

四、五十代の体型をうまくカバーして、ズルッと見えない服を探すなら、勇気を出してミッシーコーナーに行ってみるのもおすすめです。特にベーシックなものは、ミッシーコーナーで見つけてもいいと思います。

どこの服もなんだか合わない、どうもきついわって思っている方は、気持ちは若くても、実はもうミッシー体型なんです。

ミッシーコーナーというと敬遠しがちですが、ミッシーコーナーの服は、大人のパターンでできているので大人を素敵に見せてくれるんです。

たとえばアームホールから二の腕にかけてはゆったり作られています。ここがピチピチだとすごく太って見えますよね。

重力に負け気味の私たちに合わせて、バストポイントをちょっと下げていたりもします。背中もタックや切り替えが入っていて、背中の丸みをカバーしてくれます。

他にもベルト位置が気持ち高めだったり、パンツはウエストゴムだけでなく、股上が深かったり、身頃にちょっとした前後差があったりと、一見しただけではわからないように、うまく工夫がほどこされています。

何か動作をしたときに、イタさの出ない服なんです。

私も最近一重のジャケットを購入したのですが、三キロはやせて見えます。なぜなら、変なところに変なシワが出ずに、体にフィットしてくれるから。

今はおしゃれなブランドもいろいろとあります。一度ミッシーコーナーのブランドをチェックしてみてください。ＣＫカルバン・クラインや組曲など、昔着ていた大好きブランドも入っていて、まさに「懐かしのお気に入りブランドが、今のあなたのサイズでお待ちしています！」という感じ。

ただ、全身揃えてしまうとそれはそれで老けて見えることもあるので、うまく利用するといいですね。胸が大きい、腰周りが太いなど、自分の体型のウィークポイントのものだけ買うのもひとつの方法です。

ミッシーコーナーを制する者がオバサン臭さを制するんです。

ミッシーコーナーのもうひとつの魅力が店員。

年齢層が高いので、ウソがない。

試着して合っていなければ「う〜ん、もうひとつ上のサイズをお持ちしましょうか？」と、はっきり言ってくれるんです。この「う〜ん」は強い味方です。「いいんじゃない」と適当にお茶を濁す友人より、よっぽど頼りになるアドバイザーになってくれます。

おしゃれ
DO! & DON'T!
12

部屋着の〝ラク〟と〝汚れてもいい〟はまったく別もの

DON'T!

好きでもない服は着ないのが正解

ある講演会でこんな方がいました。

「私は家事をするとき、どうせ汚れてもったいないので、好きでもない格好をしています」

家にいる時間は案外と長いものです。その時間をずっと不快な思いで過ごすのはもったいない。安くてもいいから好きな格好をするほうがずっといいですよね。人生は短いんです。好きでもない服は捨ててください。

今は部屋着といっても、109やユニクロなどで、かわいいトレーナーとパンツなどが、いろいろ揃います。それを二、三セット持っていて、毎日洗濯して着たほうがよっぽどいい。

普段の底上げをするということなんです。よそ行きが消滅して、カジュアルなスタイルが生活の九五パーセント以上を占めるようになった今だからこそ、普段の底上げをして楽しく過ごしたいですよね。

かわいいと思っている服があったらそれを着ればいいんです。外には着ていけないけど好きなもの。たとえば好きなアーティストのバンドTシャツでも、ハートマークがたくさん入った上下とか花柄でもいい。いくらラクでも自分が好きだと思えないものを着るのに比べたら、同じ掃除をするにも、好きな服を着ているほうがストレスにならないと思います。

外にいる時間より家にいる時間のほうが長いんですよ。一日十四時間家にいるとして、一年で何時間になりますか?　そう考えると、長く着る服、部屋着に好きなものを選ぶのは、当然だと思いませんか?

家の中にいて
「人目がないから」といって
テキトーなカッコ
している自分を
偶然見て
しまった時
ギャアーッ
おばーさんがいるー
ドッと疲れる……
肌もヘアもツメも、
懸命に手入れするのは
自分に見えた時に
落ちこみたくないから。
自分で自分を
アゲたいの
いいね♪って
はげまして
やりたいの。
サロペットだって
着ちゃう
だから
清潔で
健康そうに見える服を
着ます。
自分のためです

いく子のキラキラ

思春期がバッチリヒッピー世代
当然のごとくヨガ入門
特に上手とかではないけど好きで続く
よいしょ
ふっ
ワタシってカンペキ〜
そして50歳のある日……
あれ？
シャバアーサナ中
私息してない……
死んでるの？
それが正解ですよ
私たちのめざす境地♡
ヨガはポーズじゃなく呼吸なの
よかったわね
ふう〜ん
だからといって人生が変った訳ではありませんが……
ヨガは続くよどこまでも

「人生は短いんです。
好きでもない服は捨ててください。」

スペシャル企画

\DO!/ 大人の家庭科スタイリスト専科

すっかり大人なんだから、服や靴のお手入れや洗濯のことなんて、今さら教えてもらわなくても大丈夫。そんな声が聞こえてきそうですが、長年スタイリストとしてやってきて知ったり実感したりしたことを、ここでまとめてみようと思います。

まずは原則。すごく簡単なことかもしれませんが、出先から戻って脱いだ服、洗濯して乾燥した服は、とにかくハンガーにかける。きちんとたたむ。それだけで次に着るときに悲しい思いをしなくて済みます。つい手抜きで適当にたたんだりしてしまうと、結局スチーマーをかけることになってしまうんですね。

ちょっとしたひと手間で、きちんとした大人に見えるんです。

それから、これは自戒を込めてのアドバイスですが、ギシギシに服がかかったクローゼットもシワになるので、常に服の数を管理しておきたいものです。

【毎日の手入れ編】洋服の場合

基本はちゃんとたたむこと。ちゃんとハンガーにかけること。
そうすれば服はシワにならないんです。
シワの顔にシワの服はＮＧです！

脱いだ服は汗を飛ばしてからしまう

ニットなどは、脱いだときに、脇の下や背中などがなんとなく湿っていることがあります。その場合は、すぐにたたまず、ハンガーにかけて部屋の中に干しておきます。そして乾いてからしまえば、毎回洗わなくても大丈夫です。ニットにかぎらず、脱いだ服は汗を飛ばしてからしまうのが鉄則です。

ちなみに、ニットが部分的に伸びてしまったら、スチーマーを当てると回復することがあります。

シミは早めの対処が勝負

レストランで何かこぼしてしまったら、応急処置としてとりあえず塩と炭酸水でシミを吸い取りましょう。シミは時間が経《た》つほど取れなくなるので、洗えないものは、とっととクリーニングに出してください。

服に合ったハンガーを買う

私は最近少しやせてきたので、服のサイズが変わってきて、これまで使っていたハンガーだと肩幅が合わなくなってきました。そんなわけでレディース用ハンガーを買って、今ではニットやブラウスはそのハンガー、ジャケットは元の大きいほうを使っています。ハンガーが服に合っていないと型くずれしがちなので、大人はハンガーにもこだわりたいですね。私は、大きいほうもレディース用も、アマゾンで売っている「MAWA」というブランドのハンガーで揃えています。かけた服がずり落ちない素材でできていて、しかも曲げられるので、服に合わせられて重宝しています。

スプレーの力を借りてシワ伸ばし

パンツやスカートなどは、一回着たからといってすぐには洗いませんよね。でもシワにはなります。そんなときには、パンツハンガーやスカートハンガーにかけて、シワのところだけシワ伸ばしスプレーをかけます。水でも代用できます。そのまま乾くまで放っておけば、服自体の重みでシワが伸びます。しっかりついてしまったシワなら、スチーマーで伸ばすのが私流です。いずれにしても、しまうのは乾いてから。

毛玉は電動クリーナーでさっさととる

毛玉をそのままにしておくと、毛玉が毛玉を呼ぶので、ちょっとでもできたら、まめに取り除いてください。私は「毛玉とるとる」などの電動クリーナーやブラシタイプのものを使っていますが、電動のほうは一年で刃がダメになるほど使っています。

毛玉があるとみっともないので、大人の身だしなみとして毛玉はきちんとお手入れを。

【毎日の手入れ編】小物の場合

「こまめに要領よく」が

大人のおしゃれアイテムに共通のお手入れポリシー。

無添加のハンドクリームでバッグケア

私は無添加のハンドクリームを自分の手に塗るついでに、角など擦れやすい部分限定でバッグに塗っています。できるだけ香料などが入っていないものがいいと思います。直接塗るとシミになりますので、手になじませた後の残りをバッグに塗ります。そしてときどき、バッグ全体を皮革用クリームで時間をかけてお手入れします。その際、中身を全部出し、ひっくり返して中のゴミを払って、ブラシでホコリや汚れを落とします。洋服ブラシでも大丈夫です。いずれにしても、革のバッグは角が擦れて白っぽくなるとみすぼらしいので、ハンドクリームをうまく使ってください。

靴のお手入れはブラシと用済みカットしたTシャツ

靴を磨くときには、先に靴ブラシで汚れを落としてから靴クリームで磨きましょう。私は、着古したTシャツの襟だけ切って、二〜三〇センチ四方の大きさにカットしたものを使っています。また、雨などで濡《ぬ》れてしまった革靴は、新聞を中に詰めておくと、水分を吸ってくれます。

靴の数だけシューキーパー

靴は箱に入れると箱の中で蒸れてしまいますし、靴の存在自体まで忘れてしまうので、私は箱は捨てます。可能なら、買う際に箱でなく、付属の袋に入れてもらうようにお願いするといいですね。そしてしまうときには必ずシューキーパーを使うこと。シューキーパーは靴の数だけ必要です。

色がはげたら「染めQ《キュー》」

色がはげてきた革製品は「染めQ」で補修します。スプレータイプの染色塗料で東急ハンズなどに売っています。周りにかからないように、大きなゴミ袋の中などで作業してくださいね。万が一、他のものにかかってしまうと、掃除がものすごく大変です。私は靴やバッグだけでなく、ライダースジャケットもこれで補修しています。

最近は、街の革のリペア屋に出すこともあります。一万円以上かかりますが、仕上がりには満足しています。

洗濯&干し方編

ちょっとした工夫で、洗濯や干し方もラクチン&効果的に。

洗濯ネットの活用

特にタイツやストッキングなどは、そのまま洗うとからんで傷みますから、必ずネットに入れて洗ってください。わが家では、洗濯槽の中が、下着、パンツ、トップスなどのアイテム別に全部ネットに入っているときもあるくらいです。まるでバッグの中の小分けポーチ状態です。そうすると、干すときにも、小物部門、乾燥機部門、ハンガー部門と部門別になっていて分ける手間が省けます。

私は、ジムや旅行にもネットに小分けしていきます。そうすれば、帰ってきてからそのまま洗濯＆乾燥ができるというわけです。

シルクはボタボタ干し

手洗いＯＫのシルクアイテムなら、おしゃれ着用の洗剤を洗面器にティースプーン半分程度入れて、振り洗い。軽くすすいで、風呂場でパンパンと振って水を切った後、ハンガーにかけてそのまま風呂場でボタボタ干しします。ただ、これは無地のみ。この間、プリントスカートをこのやり方で洗ったら色移りしちゃったから（笑）、プリントものはクリーニングに出すことをおすすめします。

アイロン不要のシャツとハンカチの洗濯&干し方

アイロンがけが苦手な人は、最初からアイロンの必要なものは買わないか、クリーニングに出す。大汗かいて十五分かけてアイロンをかけたのに、かけ方が下手で曲がったシャツを着ることになるくらいならね。

わが家はいいシャツだけクリーニングに出しますが、カジュアルなシャツは家で洗っています。基本的にシャツは四分以上脱水をかけてはいけません。シワになってしまいます。脱水をかけたら、襟を持ってパンパンとやって干します。パンパンとした後でもまだシワっぽいようなら、私は二分ぐらい乾燥機にかけてから干します。そうするとたいていのシワはとれます。アイロンをかけずに済むんです。

アイロンのいらないシャツは、ハンガーにかけて、風呂場で水のシャワーをかけて洗います。汗をかくところは念入りにかけてください。そしてそのままボタボタ干しにします。

ハンカチ
シャツ
1/4にたたむ
エリを持つ
ひっぱる
パンパンふる
干して
たたく

この方法は旅先でも有効。ただし、薄手の布はくのブラウスやシャツ、キャミソールに限ります。厚手のTシャツは乾きにくいのでおすすめできません。この方法で洗濯できるので、私は旅には薄手の布はくトップスとキャミソールを持っていきます。ハンカチも干し方ひとつでアイロンいらず。縦に四つ折りしてたたみます。ポイントは角と角をピンと合わせることです。

科学の力と自家製漂白クリームの力

洗濯やシミ抜き、がんこな汚れ落としには、クエン酸、セスキ炭酸ソーダ、重曹をフル活用します。たとえば襟の黒ずみはクエン酸やセスキ炭酸ソーダを使います。水に溶かしスプレーするのですが、インターネットに分量などがいろいろ出ているので、参考にするといいと思います。匂い取りは重曹、スニーカーなどのがんこな汚れには、粉石けん×重曹×水を混ぜてクリーム状にしたものを常備しておいて、それを泥パックのようにして使います。びっくりするほどきれいになります。

収納&たたみ方編

〝人間、一生、死ぬまで整理！〟byいく子。

Tシャツは立てて収納

Tシャツを縦に三つ折りにしてから、横に二つ折り、さらに二つ折りにして、引き出しの中に立てて収納します。パジャマパンツなども三つ折りにしてからさらに二つ折りにすると、Tシャツと同じ幅になるので、たとえば右一列Tシャツ、左一列パンツなど、すっきり整理整頓できるんです。

タイツの美しいたたみ方

タイツもくしゃくしゃのまましまっておくと、当然シワだらけになります。ですから、タイツもきちんとたたんだほうがいい。私はタイツを二つ折りにし、さらに三つ

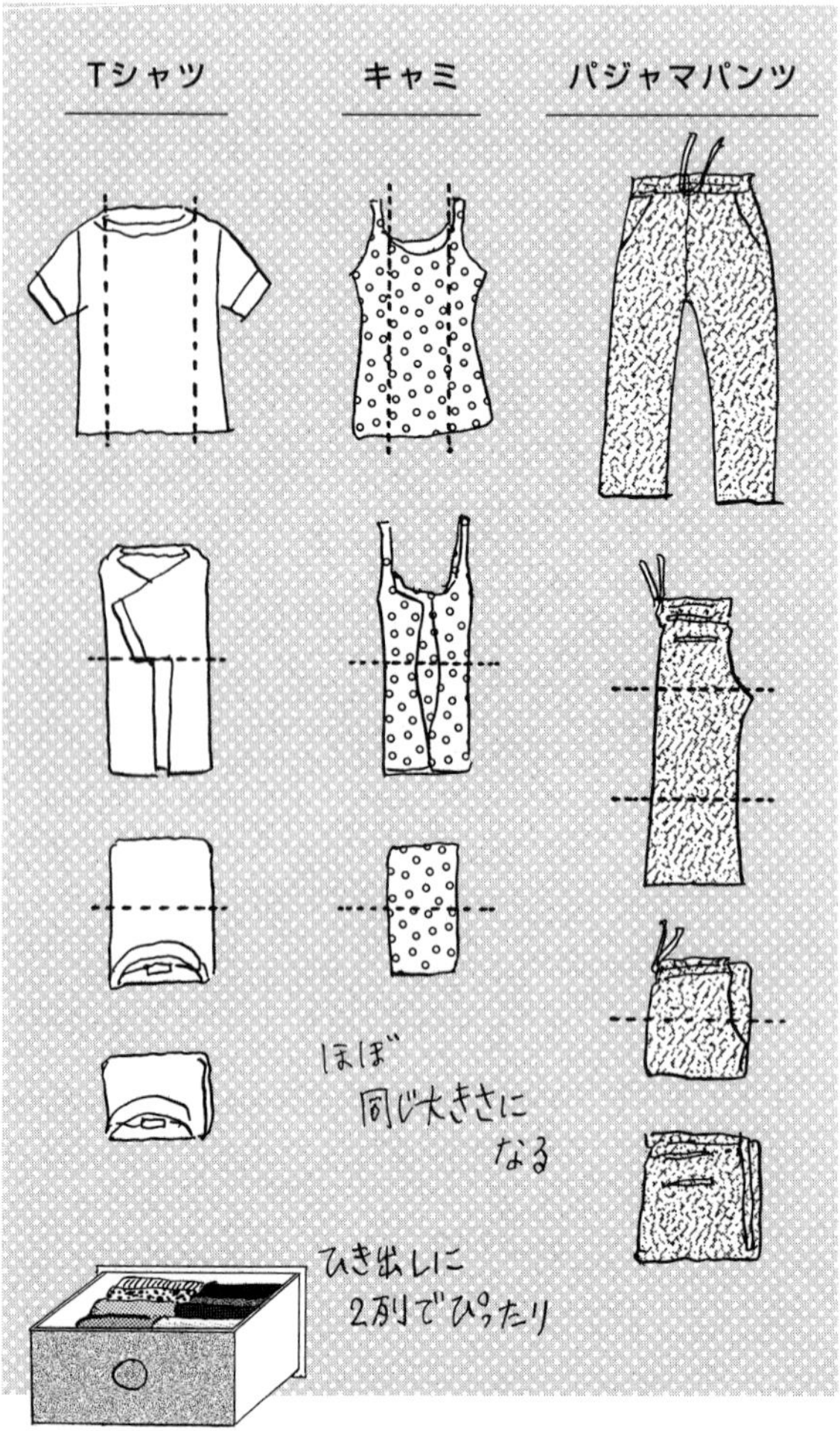
Tシャツ
キャミ
パジャマパンツ
ほぼ
同じ大きさに
なる
ひき出しに
2列でぴったり

折りにして、その先をはき口に入れ込むか、ひっくり返します。そうするとコンパクトなパックになるので、整理しやすいんです。

靴下は三つ折りにして先をはき口に入れます。小さいスポーツソックスは二つに折ってからひっくり返します。だいたいどれも同じ大きさになるので、安売りショップなどでよく売っている、靴下ケースにぴっちり入ります。

アクセサリーはアクリルケースに

アクセサリーの収納には、数年前、夏の酷暑で接着剤が溶け、革張りのジュエ

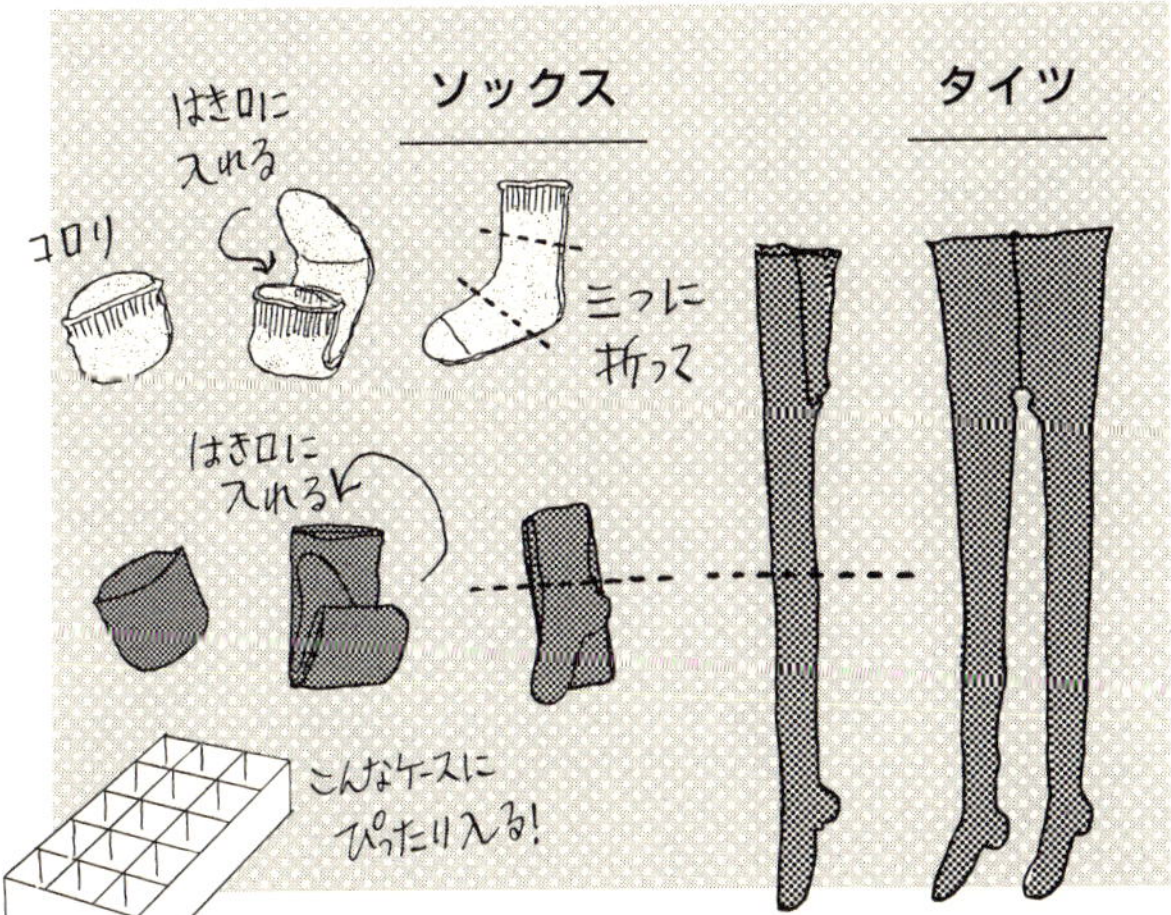

リーボックスが壊れてしまって以来、アクリル製の小さい仕切りがついたケースを使っています。ケースは無印良品などで売っているものです。見やすいしチェーンなどが絡むこともなく、便利です。

ところで、ゴールドのチェーンは、外したらすぐに洗ったほうがいいようです。絡みついた汚れが肌のかぶれの原因になることもあるそうなので、ネックレスは清潔に。

おしゃれ
DO! & DON'T!
13

大人は毎日、体から悪いものが出ている

DO!
寝間着は毎口替える、が鉄則

女性でも加齢臭があることは、ご存じですよね？
年を取るにつれて、体から出る脂は酸化しやすくなります。
だから同じ寝間着を着て何日かすると、すえた匂いがしてくるのです。
特に日本は湿気があるせいか、垢《あか》が出やすいような気がします。パリやニューヨー

クにいるときにはそうでもないのに、日本では髪も三日もするとベタベタして臭くなります。もちろん、この湿度のおかげで、欧米にいるよりも、肌はしっとりするわけで、一長一短とも言えるのですが。


ところで、クレンジングで顔を拭いたとき、真っ黒になること、ありませんか？

湿気で大気のホコリ汚れがつくんです。

だから私は毎日、帰宅したらすぐにシャワーを浴びて、一日の疲れやマイナスな気分を洗い落として、洗濯したての寝間着の上下にすぐに着替えます。

それが私の唯一の贅沢《ぜいたく》です。

寝間着は、自分の中から出たものを夜の間に吸い取ってくれるもの。お風呂に入った後でもそうです。せっかく吸い取ってくれたのだから、何日も着るのはやめたいですよね。甘酸っぱい青春の香りならいいんですけど……。

寝間着といっても、私の場合は、上はTシャツみたいなものでよいので半袖か長袖、下は、夏は短パン、冬はジャージーパンツやネル素材のパジャマパンツ。夏用と冬用はいつも最低七枚ずつあります。

寝間着も衣替えするということなんです。端境期用にも素材の違うものなどを数枚揃えておけば、気候に合わせて快適な組み合わせで着られます。

そして、毎日ガンガン洗って、ゴワゴワしてきたら（自分がゴワゴワしているのかもしれませんが〈笑〉）、即、さよなら。

もちろん高いものを毎日ガンガン洗えるのがいいに決まっていますが、やはり傷んでしまって捨てることになります。あるいは、もったいないと思ってしまって、洗わずに毎日着ることになってしまう。

ですから私は、ラグジュアリーなものを毎日着続けるよりも、ほどほどの値段のものを毎日洗って着るほうを優先しています。

ジェームスパースも、着古したら寝間着として着ています。そして、いよいよぼろぼろになったら捨てます。

おしゃれ
DO! & DON'T!
14

古下着と古タイツに〝ザ・ロングダッドバイ〟

DO!
二、三年に一度はブラ点検

DON'T!
見られて残念な下着は御法度

〝すっかり大人〟は、いつ何があるかわかりませんから、見られてもいい下着をつけていたいもの。もはや男性に見せる勝負下着ではなく、救急隊員にお世話になったりするときのためですけどね。

「救急車に乗って運ばれるときに残念な下着はつけるな」

これは母の遺言なんですが、肝に銘じています。

下着にも流行があって、ブラ付きタンクトップでも、入っているパッドの位置が違っていたりします。それは、そのとき旬な服に合うボディラインを作っているということ。上に服を重ねると、まさに今のシルエットが作れます。

特にブラジャーは、体型補正の意味でも二、三年に一度はきちんと点検して、できれば買い替えること。

私たちの世代は肉がもう自立できなくなってきています。肉もわがままになっているんです。だからブラジャーを替えるだけで、三キロから五キロぐらいやせて見えます。しかもバストポイントの位置が補正されると、ちょっと若く見える。

ブラジャーを買うときには、プレーンなTシャツを着ていくとわかりやすいです。ブラジャーを試着したら、その上からTシャツを着て鏡を見ましょう。何枚か試着して比べてみてください。ブラジャーによってすごく違って見えることがわかります。わからなかったら、自撮りするといいですね。

下着って結構長持ちしそうに思えますが、やっぱりゴムが伸びてきてしまう。

ブラジャーの場合は、肩ひもが落ちてきた頃には、たいがい他のところも伸びていて、いくらストラップを短く調整してもゆるくなる。そうなるとホールド力がなくなっているんです。そういうブラジャーは捨てましょう（もちろん、きちんとワイヤーを取ってから）。

私もこの間、三枚捨てましたが、ワイヤーが変な形に曲がっていました。たまに痛かったりワイヤーが出ていたりすることがあるのは、ワイヤーが曲がっているから。恐ろしいですよね？

パンツも「縦に長く」なってきたら、もうフィットしないので、捨てたほうがいいですね。タグの文字が薄れてきたら捨てるという知人もいます。

はき古したタイツも捨てたほうがいい。タイツは意外と体の面積の大きいところを占めています。ですから心地良いものをはくべきなんですよね。ちょっと伸びてきたり、毛玉ができちゃったり、ウエスト位置が違ってきたり。そんなときにはさっさと捨てましょう。

Tシャツシーズン到来って時にギョッとして…
マズイ!!
たる〜ん
ブラ買いに行く
Tシャツ用にワキをおさえてつけ心地はゆるいのが好き
はい
試着15分
ワコール ディア
一発で決まりました
さすがベテラン店員さん
ありがとうございました。
自分の希望や好みをハッキリ伝えるのがコツ
次もこの人に頼む!

タイツのキツイの大ッキライッ
タイツも下着も
日本のメーカーは
しめつけすぎ。
日本女性は
マゾなのか?!
ぎゅうぎゅうな
日本メイド
ふわふわな
イタリア
もの
気持ちの
いいタイツは
1日中
はいていたい
fogal
OPAQUE
頑丈な上にていねいに
あつかうので長もちする。
小さッ

おしゃれ
DO! & DON'T!
15

旅的〝毎日同じ格好〟で十分おしゃれ

DO!
旅行に持っていかない服は捨て候補に

DON'T!
大人の旅行キャラはたくさんいらない

旅行のときって、毎日同じ格好でも本当に平気じゃないですか？　ちょっと前にロンドンに二週間ほど行ってきたのですが、そのときはバックパックひとつでした。毎日ほぼ同じ格好でしたけど、現地在住の友人たちも週三日ぐらい同じセーターを着ていました。みんな元編集者や元プレスだったりして、引っ越すときに大量に処分することになったけれど、そのおかげで、毎日がとても楽しいのだそうです。

私のこのときのワードローブは、ライダースJK、ユニクロのライトダウンジャケット、パンツ用の長めカシミアVネックニット、グレーの短めセーター、Tシャツ二枚、部屋着&寝間着用のジェームスパースの薄手ウール混ジャージーパンツ、紺の長袖Tシャツ、黒デニム、ウールの細パンツ、sacaiのロングスカート、ユニクロの防寒スカート、キャミソール二枚、スリップ二枚、長袖と半袖のヒートテック各一枚、ブラジャー三枚、パンツ五枚、タイツ二足。

靴はナイキの黒一足。

ただし、ストールは二枚持っていきました。

着ているアイテムを除けば、これでバックパックの三分の二ぐらい。現地でTシャツを一枚と、後半飽きてきたのでストールを一枚買いましたが、増えたのはそれだけ。持っていたものを捨てて、現地で買ったのでプラマイゼロになったのが、ハンロのキャミソール一枚とウォルフォードのタイツ二足。

このワードローブのポイントはストールとライトダウンジャケットです。

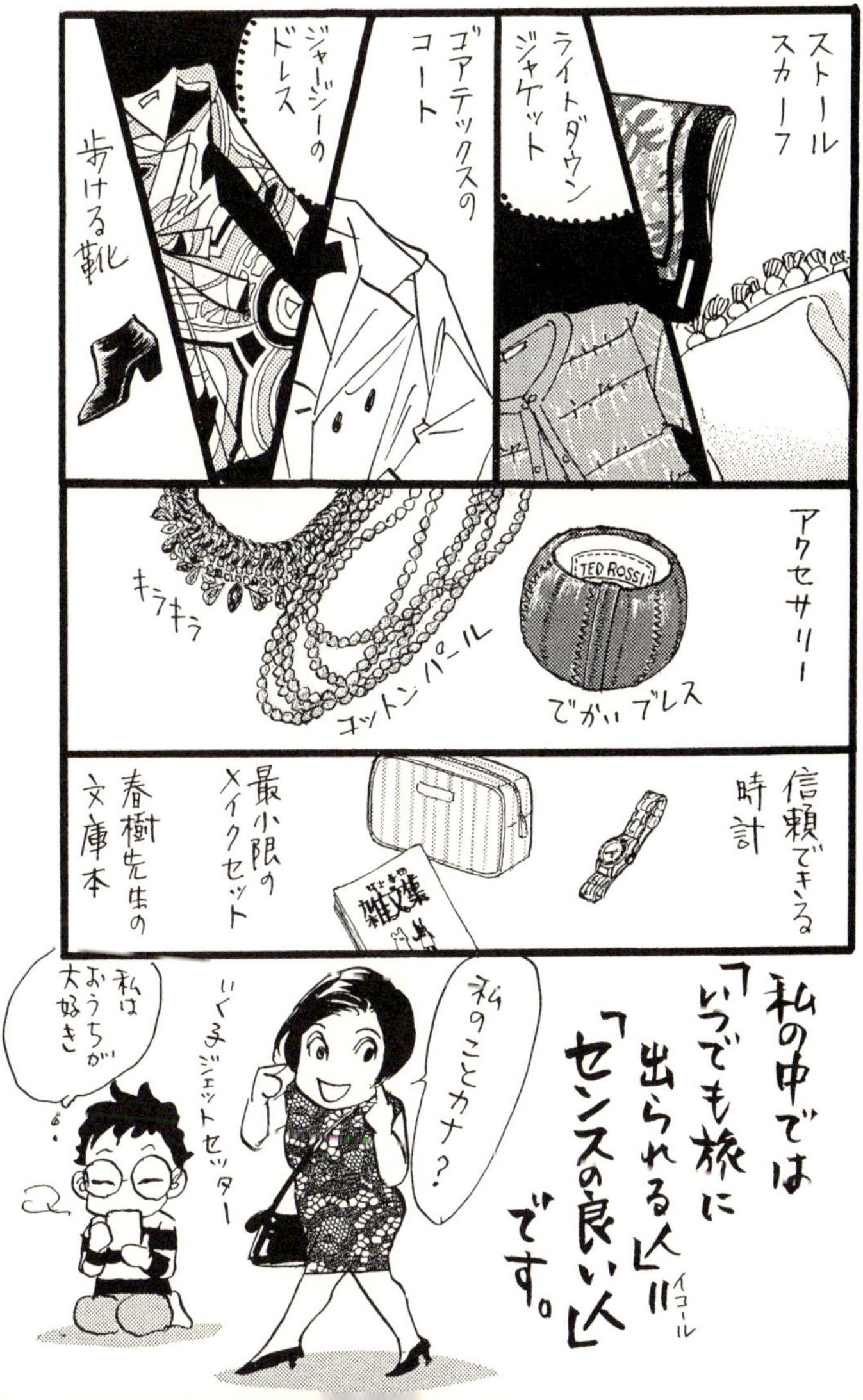

ストール
スカーフ
ライトダウン
ジャケット
ゴアテックスの
コート
ジャージーの
ドレス
歩ける靴
アクセサリー
TED ROSSI
でかいブレス
コットンパール
キラキラ
信頼できる
時計
村上春樹
雑文集
最小限の
メイクセット
春樹先生の
文庫本
私の中では
「いつでも旅に出られる人」＝《イコール》
「センスの良い人」
です。
私のことカナ？
いく子ジェットセッター
私は
おうちが
大好き

ストールはリバーシブルや大判を持っていけば、それこそ巻き方ひとつで表情がガラリと変わるから。現地で会った友人たちも、セーターは同じでも、ストールは替えていましたね。

ライトダウンジャケットはライダースの中に重ねたり、カーディガン代わりに着たりして温度調節に役立てます。

昔は旅行に行くとき、気分が変わるかもしれないと、それこそキャラを三つぐらい用意していったものですが、今はひとつで十分。

ホテルも、若者に人気のトレンディなおしゃれ系は、なぜかクローゼットが小さいんです。今のスタイリッシュな人たちは、服をたくさん持っていかないんですね。もちろんスイートルームに泊まり、ルイ・ヴィトンのスーツケースを何個も連ねていくような人もいて、それはそれでいいのですが、要するに、間《あいだ》がないんです。

私たちも、最近は旅行用に服を買うこともありませんよね。

ということは、旅行に持っていかない服は捨て候補？

「私の人生、どんな事件が起こっても、このスーツケース一個で世界中どこでも行けるわ」なんて言えたら格好いい。でもそれは夢。そこまで減らす必要はないにしろ、旅行ワードローブを考えると、結構減らせるよね、と思う今日この頃です。

二週間か一カ月ぐらいの旅行に行くぐらいの感じで、飽きてきたらそこに少し何かを足したりしているうちに、季節も変わってしまいますよね。そうしたらまた次の新しい旅行に行くつもりでワードローブを組み直せばいいんじゃないでしょうか？

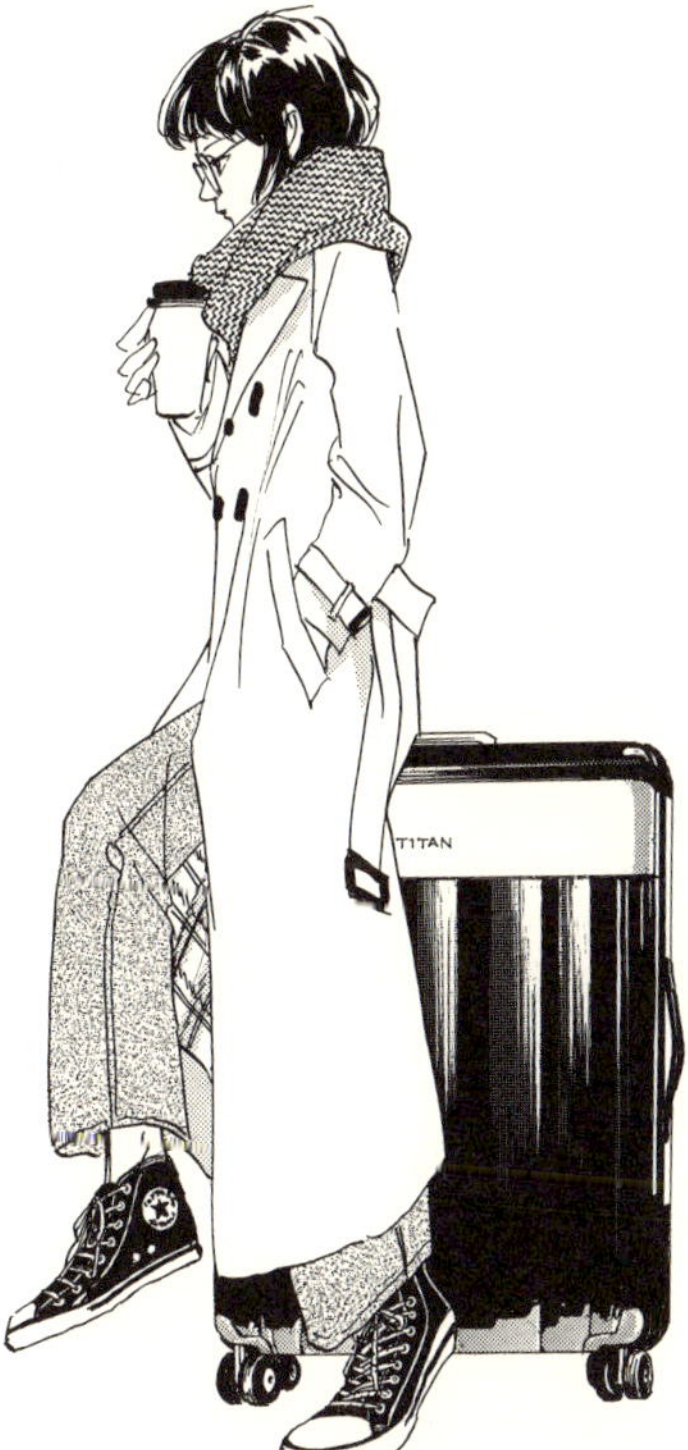

さとるの近未来

「何だったら、Lというサイズラベルを切っちゃえばいい。」

「そんなにいやなら（笑）。」

おしゃれ対談 3

大人の買い物DO! & DON'T!

地曳　いちばん大切なのは、何も買わずに帰ることになっても気にしないこと。着ていく場所があっての服だから、どこに着ていくのかが思い浮かばなかったら、潔く買うのをやめる。**着ている自分が想像できない服、ピンとこない服、なんだか素敵というファンタジーだけの服は、もう買わない。**昔は狩りに出たら必ず獲物を得ていたけど、お年頃になったら、手ぶらで帰る勇気を持とう！

槇村　大物を買って持って帰るのも、若い頃ほど気乗りしない。よっぽど気に入ってないと。

地曳　それでもたまにコートとか買っちゃって、帰ると似たようなのがあって。そうすると、それを買っちゃったがために、前のコートを着る回数が減っちゃって。減ら

『Real Clothes』第6話より（集英社文庫〈コミック版〉）

してまで、この新しい男と浮気していいんだろうかみたいな感じに……(笑)。

槇村　本当に似たものの更新だったらいいんだけど、微妙に違ったりして。

地曳　同じものを買い続けることは悪いことではないんですけどね。それが似合うってことだから。似合うものが少なくなっているお年頃にとっては。ただ、そのアップデートぶりがはっきりわかるなら買ってもいいけど、同じくらいだったらもう買わなくてもいいのかも。

あと、この頃ミッシーコーナーでも

黒が売れなくなってきているらしい。**紺がすごく売れるんだって。やっぱり黒だと顔がきつく見えちゃうから。**

槇村　黒で顔がきれいに見えるのは難しい。肌にクリア感がないとね。血色がよくて透明感があれば黒でもいいんだけど。

地曳　昔、自分を美しく見せてくれたり、やせて見せてくれたりした黒が似合わなくなってきて、じゃあ次にどうしたらいいのかというと、**やっぱり濃い紺とかグレー系とか、ベージュ系で、基本カラーをシフトしたほうがいいですよね。**

大人の〝ここぞ〟と〝いつか〟

槇村　靴とかバッグの基準となると……。

地曳　バッグはその場で中身を全部入れ替えられるものがいいし、靴は高くても安くても、履き替えてそのまま帰れるものがいい。靴は、**週三回以上履かないものは、もう買わなくていいですよ。**だって、〝ここぞ〟というときってないんだもん。もうあんまり。

槙村　それは初デートとか大事なイベントとかでしょう。ないわね。

地曳　というよりも、〃ここぞ〃というときでも、ニットと細パンツぐらいで行っちゃいますからね。

槙村　それでも平気というふうにはなっているかもね。世間も、昔だったら、すごく高いレストランは無理とかあったけど。昔、漫画家が持っている服ってひどくて、ジャージーかパーティドレスかって言われていて。

地曳　だって行くところないもんね。パーティドレスすごかったですよね、昔。

槙村　すごかった。でも今の漫画家さんはみんな普通にカジュアルで、普通の服をいちばん充実させているように見えます。

地曳　今はまさしくみんなそうで、よそ行きというより、普通の服を充実させなきゃいけないんですよ。そういうことですよね。

槙村　**着ている時間がいちばん長い服が素敵だと気持ちいい。**

地曳　今や日常のカジュアルが〃ここぞ〃になっちゃったの。

槙村　〃いつか〃もないよね。

地曳　気がついたら〝ここぞ〟も〝いつか〟もなかった（笑）。あっても同窓会ぐらい。
槇村　結婚式も減ってくるからね。あと増えたのはお葬式。喪服は大事かも。
地曳　喪服はそろそろちゃんとしないと。
槇村　あると安心。
地曳　でも、昔の喪服はサイズが合わなくなった。あっという間に。喪服がどんどんきつくなる。
槇村　ときどきチェックしたほうがいいかも。
地曳　喪服に横ジワが入るようになるお年頃ですからね。先日、お葬式で久々に引っ張り出した喪服のワンピースの後ろファスナーが途中までしか上がらないことがあった。仕方ないから途中まで開いたままジャケットを着ました。今だからカミングアウトします。だから、定期的なサイズチェック、おすすめします。

試着の極意

槙村　サイズといえば、試着して、サイズがちょっと合ってないかなとか、似合わないかなとか思っても、悪くて、申し訳なくて買っちゃうという人もいるよね。そんな気弱でどうすると。

地曳　**試着室からバーンと出て、販売員に堂々と見せられない服は買っちゃいけないですよね。**そんなことでは家の外で着られません。私はわからなかったら、「ちょっとお茶飲んで頭を冷やして考えます」と、一度店を出ることにしているんですが、お茶飲んだ後も欲しいと思ったとき、もう一回試着してみると、似合わなかったりする（笑）。

槙村　プロで、一度考えているのにそれなら、素人が間違えるのは仕方ないか（笑）。

地曳　仕方ないね（笑）。

槙村　**自分の体がいつの間にか変わっているから、OKのラインも変わっていて、そこでわからなくなっちゃうというのはあると思う。でも、太っちゃったとしても、自分の太さを補って余りある「何だこの新しさは」とか、「ちょっと見慣れないバランスだけど、街でよく若い子が着ているよね」と思うものは買ってもいいと思う。**

地曳　お年頃でも着られるんだっていうね。それ大切。さすが買い物の達人！

槇村　そういう新しさという意味では、お店の人がこちらもどうですかと言うものは着てみたほうがいいかも。お店の人は今の人だから（笑）。

地曳　ほんと、ほんと。昔の自分のいいときで選んじゃいけなくて、今の人の意見は聞いたほうがいい。若い友達とか、娘でも何でもいいんですけど、今の人はそれはおかしいとちゃんと言ってくれるから、わからなくなったら、今の人。

『Real Clothes』第4話より（集英社文庫〈コミック版〉）

槇村　あと私がやるのは、着させてもらって、三、四分そのままでいさせてもらう。最初はとにかく見慣れてないので鏡見たらびっくりだから。でも何回も見ているうちに、だんだん目が馴《な》染《じ》んでくる。反射的に脱いじゃわないようにしたほうがいいよね。
地曳　そういうのを許してくれるところでお買い物したほうがいいかな。
槇村　確かに、サイズ違いでもいろいろと着てみるから、空《す》いているときに行かないと。同じデザインでサイズ違いを着るときには、販売員さんの顔を鏡越しに見ていたほうがいい。販売員の人はわかっているから、表情がはっと変わるのよ。
地曳　それと、たとえMが入ったとしても、Lのほうがやせて見えたら、自分以外には誰もLを着ているってわからないんだから、Lを買うべき！　何だったら、Lというサイズラベルを切っちゃえばいい。
槇村　そんなに嫌なら（笑）。
地曳　私、太っていたとき切っちゃったよ。切っちゃおうって。そんなにいやなら切っちゃえ！　って（笑）。

買い物は体力と気力

槇村　やせて見えなきゃ服じゃないよ。わざわざ太って見えるものを着たくない。それとね、トップス買うんだったらボトムも買うほうがいいかも。
地曳　そうそう、新しいバランスでなきゃ似合わないものもあるしね。そこで面倒くさいと思う人は、買い物に行かないほうがいい。体力も気力もあって楽しめるときじゃないと、ライオンに食われて終わるもんね。販売員のライオン。「お似合いですよ、大丈夫ですよ」って言われて。大丈夫ライオンに（笑）。

槇村　ガブーって食われる（笑）。

地曳　どこで買えばいいかという悩みもよく聞きますよね。私はよく、人が持っているものをまねして買うなとは言うんだけど、たとえば先生が持っているものを素敵だと思ったとするじゃない？　そういうときは、どこで買ったのって聞いて、そこに行くけど、同じものは買わないんです。

素敵なお店情報だけを得て、そこで違うものを買うと成功する。同じ素敵感を持つ仲間と交際しに行くわけです。

槇村　雑誌で気に入ったものがあって、それを売っているお店に行っても、たいてい買ってくるものは違うものね。その場所に行けば、同じテイストでもっとぴったりのものが見つかるということだよね。

地曳　それでいいんですよね。素敵感をまねすればいいんです。

おしゃれ
DO! & DON'T!
16

〝すっかり大人〟のウィークポイント

DO!
一に保湿、二に保湿、ずっと保湿

DON'T!
見えないところは見ないふり

あるとき地下鉄に乗っていたら、ものすごい美人がいたんです。ちょうど隣に立ったので、何気なくつり革をつかんでいる「手」を見たら、ものすごくシワシワだった。ハンドクリームの存在を知らないのでは？　というぐらいにカサカサだったんです。

そうすると、どんなに素敵に決めていても台無しなんですよね。

手で老けて見えるから。

大人になるともう自分では脂を出せないから、補給しなければいけないんです。スマートフォンだって、画面操作のときにすべっちゃって反応しなかったり、指紋認証も舐《な》めてからでないと反応しなかったりすること、ありますよね（笑）。

結論からいえば、大人の身だしなみでいちばん大切なのは、保湿。一に保湿、二に保湿、ずっと保湿です。

私たちお年頃の女性にとっての敵は〝乾燥〟にあり。日々乾燥との戦いです。顔はもちろんのこと、手も髪もボディも何もかもお手入れすべきです。

それから、せっかく水分を補給しても、油分でふたをしないと、抜けてしまいます。ツメだって割れるし、首、デコルテあたりもそうです。踵も粉が吹いてしまう。すねや足の指も。

私はあるとき足の指ケアで手を抜いたら、シワシワになってしまったことがあって、そのときには、シアバタークリームをたっぷり塗ってなんとかリカバリーしました。

高いクリームを買う必要はないので、お徳用クリームでもいいから、何よりもまず回数を増やすことです。手を洗ったら、お風呂に入ったら、顔を洗ったら、すぐに塗って水分を閉じ込めましょう。

回数だけでなく、手を抜かずに、見えないところも、きちんとケアするのを忘れずに。

そして冬だけでなく夏も、ケアを怠らずに。

実は私も、うっかり首の前の部分だけにクリームを塗って、横から後ろは気にしていなかったんです。ところが、この間ふと鏡で首の横を見たときに、塗っていない部分がヘビのウロコのようになっていて、首の両側にはっきり境目ができていることを発見。慌ててクリームを塗りまくったら、しばらくしてやっと境目がなくなりました。

もうひとつ、ベーシックな身だしなみということでは、眉にも気を使ってほしい。自分でやると、どんどん変な眉になっていっちゃうから、一度プロの人に描いてもらうといいですよ。意外に自分が美人でびっくりするかもしれません。

肌でしょ肌
ふわっと柔らかくて
透明感があって
血色よくて
シミ
シワ
タルミが
あったとしても!
よく手入れされた
肌は美しい
ここ重要
何より
自分の心がけしだいで
どうとでもなるのが
うれしいじゃ
ありませんか
水分不足は絶対ダメ
楳図かずお先生の
「へび少女」状態
ぎゃっ

枯草みたいな髪
くすんだ肌
はげたネイル
へんな眉……
表皮一枚のことだけど
生活の荒れた感じがつらいです
お金のモンダイ？
それだけじゃない気がする
目標とか……
ないのかな
私の今のアイドルは映画「キャロル」のケイト・ブランシェット
私も大好きっ!
IKUKO
CHECK
60年代のデュオ
ザ・ピーナッツ
今も大活躍
由紀さおりさん

おしゃれ
DO! & DON'T!
17

髪とファンデーションが見た目の七割

DO!
ヘアメイクはバランスで見てツヤ感を出す

DON'T!
ファンデーションでカバーはタブー

人は、第一印象のうち、髪とファンデーションが見た目の七割と心得てください。パーツではないんです。

欧米人にとって、ファッションは〝クリスマスツリー〟なんだそうです。ヘアメイクはその一部。クリスマスツリーをデコレーションしていくしきには、ちょっと離れて全体のバランスを見ながら飾り付けますよね。だからヘアメイクもバランスで見る。対して、日本人は盆栽のヘアメイク。だから、近くで見てきれいでも、離れて見ると変なときがある。普通、日本人はメイクして全身鏡は見ませんが、本当は見ないといけないんです。

ものすごく若い頃、パリのモッズ・ヘアでカットしてもらったことがあるのですが、まず全身鏡の前に立たされて、髪の長さを決めるんです。そして仕上げのときにもう一度立たされる。そして立ったまま仕上げるんです。

アイラインのちょっとしたズレなんて、誰も気にしていない。そんな近いエリアに来る人は、もはやいません。眼医者と歯医者ぐらい（笑）。

それよりも全体のツヤ感を大切に。

まずは髪ですが、海外では、トウモロコシのひげ風の質感が好まれたりもするし、乾燥していてもふわふわした感じで、それが粋だと思われることもあるけれど、日本人の髪であまりぼさぼさだと、本当に悲しい気持ちになります。私たち黒髪族は、ツヤがないと老けて見えるし、リッチには見えません。他をいくらがんばっても、そん

日本的《ドメスティック》すぎる流行が苦手です
カチッとしすぎ
CAか？
白パンプスはもうやめて〜〜る
ダラッとしすぎ
細部に盛りすぎファンデ厚すぎ
男ウケねらいすぎ
私は細胞の間を風が抜けるような
オープンなくつろいだ雰囲気をねらいたいの
私の住む郊外の街だと60人にひとり
青山・銀座だと30人にひとりぐらい
そういう人がいる。

なところで差が出てしまうんです。

若い子はいいんですよね。ほつれていても、肌も髪もツヤがあるから。

ところが、五十歳過ぎてやってしまうと、生活に疲れているように見えてしまいます。ナウく、格好よく決めたつもりが、単なるやつれた人になってしまうから、全部きれいに巻いて整えて、とはいわないけれども、オイルとクリームを忘れずに、少なくともツヤを出しましょう。

ファンデーションは、カバーしたいと思って厚くベタっと塗ってしまうと全体的に塗り込まなきゃいけないから、それよりも、今風のライトな感じでツヤのある肌感を目指したい。

そんなときにはボビイブラウンやアディクションなど、クリエーターが同年代のブランドで探しましょう。そして化粧品が進化していくのに合わせて、できれば毎年買い替えましょう。

目の下や鼻の周りなど、気になるところはコンシーラーを使って補正します。

さらに私は小鼻の脇と口角にパール感があるクリームをたたき込んでいます。そうすると、マリオット線やほうれい線が目立たなくなります。以前コスメブランドのレクチャーで聞いたのですが、ネコのヒゲ風に上に向かって入れてぼかすといいようです。一度試してみてください。

ファンデーションですべてを隠そうとするほど厚塗りになってしまいます。大人ほどコンシーラーが役立ちます。

最後に、これはあくまで私の話なのですが、粉は使いません。若い子ならうまくベールがかかってドール風になりますが、私たち世代だと博多人形にもなれませんから。

万万万が一
恋が急接近
してきたら
照明消ス。
「ぼくの美しい
人だから」

おしゃれ
DO! & DON'T!
18

肌荒れと厚化粧の原因は〝手抜き〟なり

DO!
パフとブラシはこまめに洗う

化粧品のパフや化粧ブラシは、少なくとも月一回は専用洗剤で洗いましょう。専用洗剤が切れたら、私は液体の洗顔用せっけんをごく薄くして代用し、それもなければ、台所用洗剤を一滴入れてグォーッと洗います。その後よく水洗いをしてティッシュかタオルで水気を取ってから乾かします。

そして汚れが落ちなくなったら買い替えます。

特にパフは、洗ったり、買い替えたりしないままだと、雑菌が増えて、雑菌を顔に塗りつけていることになるんです。だから、肌が荒れるんです。

それから、パウダーファンデーション。前回使ったままのパフで塗ると、前の分がパフに残っているので、どれだけつけているかわからなくなっちゃう。

つまり、厚塗りになってしまうんです。ちょっとしたひと手間で、厚化粧が防げます。

ところで、お年頃の私たちにおすすめのリキッドファンデーションやBBクリーム、コンシーラーはブラシでつけるといいということをご存じですか？　相当テクニックがある人なら指でも大丈夫ですが、普通の人は、実はブラシのほうがうまくいく。厚塗りにならないんです。

専用の高機能人工毛ブラシも出ています。化粧品と同じくらいの価格で最初はびっくりしてしまうかもしれませんが、買うならいいブラシがおすすめです。

そしてもちろんこまめに洗いましょう。

夜・食器を
片付けるのと同時に
同じ洗剤で
洗っちゃいます
ザブ
ザブ
よく朝
?
干してある
パフ&ブラシ
定期的に
メイクポーチは
換える
汚れるし
その時
使ってない
メイク用品は
処分
フルメイク
セット
簡単メイク用セットが
リビングにワンセット
下地と
練りファンデのみ
対・夫への
マナーとしての
メイク

いく子の近未来

「無理して着ると、
顔がブスになります。
行動も制限されるし。」

「夕方には
不機嫌になる（笑）。」

おしゃれ
DO! & DON'T!
19

美肌を目指すなら枕カバーとシーツはまめに替える

DO!
最低週一回は洗濯する

美容のために、枕カバーは絶対にまめに替えたほうがいいんです。

なぜなら、寝る前、顔をどんなにきれいに洗っても、枕カバーに前の晩の汚れがついていたら、結局また顔が汚れてしまうからです。朝も顔を洗うということは、夜の間にいろいろ悪いものが出ていて、それが枕カバーについてしまっているということなんですから。

私は毎週洗っています。美肌を目指したかったら、枕カバーをまめに洗うのが、正しい美容法、身だしなみだと思っているんです。同じ理由で、シーツやタオルケットもまめに洗います。

寝具関係でよく洗うものは、無印良品の麻やZARAホームのセールで買ったものなどにしていますが、それほど頻繁に洗わないコンフォーターケースは、清水の舞台から飛び降りる気持ちで、コンランショップあたりで買ったりします。

そんな風にメリハリをつけて、ちょっと贅沢しています。

おしゃれ
DO! & DON'T!
20

普段をちょっと底上げして素敵な毎日を送る

DO!
服も食器も何もかも〝いいもの〟から使う

わが家では、三・一一の東日本大震災のときに、バカラのシャンパングラスなどの高い食器が全部割れてしまいました。以来、エルメスでも何でも高い食器を普段使いにして、早五年。

エルメスは毎日使っているので、ひびが入ってしまったものもあります。

でも、五年間毎日使ってひびが入るのと、一年に三回しか使わないで、きれいで、もしかしたら死ぬときまできれいかもしれないのと、食器的にも私的にもどちらがいいのだろう。そう考えると、むしろひびが入るほど使っているほうが、お互いよかったね、と思うだろうという気がするんです。

それは、表面的な人間関係より、もしかしたらたまにけんかしてしまうけれど、結局ずっと友達でいる人とか、ずっと一緒にいるパートナーと同じだと、この間、急に思ったんです。「あー、ひびが入ってる」と気づいて。

家の中って、そういうことだと思います。洋服にしても食器にしても、よそ行きと普段着とか、お客様用と自分用とか分けていましたけれど、もはやよそ行きもカジュアルになってしまったし、お客様が来てもマグカップでコーヒーを出したりしてしまう。

それだったら、普段をちょっと底上げしておいたほうが、素敵な毎日を送ることができそうですよね。

若いときに、高い食器やリネンにハマったことはありませんか？　そのときに集めたものを普段使いにするといいですよ。

私たちの世代はお客様を呼ぶことが多かったので、それがくせになってしまっているることもあると思います。でも、来客が減ってきたら、もうお客様用のものは普段使いにしてしまっていいんです。

たとえば、疲れた日、出来合いのいなり寿司を買って帰って夕ご飯を済ませてしまおうと思うとしますよね。それを箱に入ったまま出すのと、エルメスの皿に盛るのとでは、食べるときの気分が違うんです。おいしく思えるんですよね。一段と。

この考え方でいくと、服もそうです。しまい込んでいたシルクブラウスは明日何かのインナーに着てしまいましょう。

お年頃になったら、服も食器も何もかも、いいものから使うのがいいんです。

いいものなのに自分で使えないものもありますよね。

私はこの間、使い忘れているものはないだろうかと、クローゼットを整理していたら、奥のほうからプラダのパーティバッグが二つも出てきたんです。自分にはもう似

お祝いにいただいた
美しすぎるカトラリー
パールのアクセサリー
マノロの靴とか
エルメスのスカーフ
大事大事な
自分ヴィンテージ
お宝
ザクザク持ってるでしょうって。
チラ…
ためこんでないで
使う時が来てます。
今です。
もう
しまっとく場合じゃナイ。

合わない若々しいデザインのものでした。そこで、若い友人に、もしよかったらどうぞ、と勧めてみたところ、喜んで引き取ってくれました。

自分で使えなくなったものは、そんなふうに他の人に活かしてもらうこともできるんです。

おしゃれ
DO! & DON'T!
21

お年頃になったら玄関三点セット

DO!
靴ベラと椅子と洋服ブラシで賢くケア

私は玄関に、靴ベラと、椅子またはベンチを置いています。

それだけで、履ける靴がすごく増えますし、足にぴったりとフィットするようない靴を履くのにも必要です。柄が長い靴ベラを選んでおけば、椅子に腰掛けて履く時間がないときでも、立ったまま履けます。スニーカーも含め、どんな靴も、踵がつぶれたらもう終わりですから。そして洋服ブラシも玄関に置きます。

ヨーロッパの人は、コートにブラシをかけるだけで、一生クリーニングに出さないといいます。そのほうが生地が傷まないとか。だからコートなどは、帰宅したときに玄関先でブラシをかけてから部屋に入れる。そうすればゴミや花粉などが部屋の中に入るのを少しでも防げますし、生地の素材感をキープできるんです。

ところで、靴も、三カ月に一度くらいは入れ替えますよね。たとえばブーツはしまってサンダルを出すとか。そのときに、全部点検します。来年は履かないなと思うものは捨てて、まだ履くものは、踵が減っていたらリペアしたり、丁寧に磨いたりなど、ケアをします。そうしておくと、次に履こうとするときに、思わぬものがダメになっていて困ることもありません。

最低年二回、できれば三〜四回見直すと、何が足りないか、何を履かなかったかもわかります。きれいなままの靴のヒールの高さや形を確かめて、同じものはもう買わないようにすることもできるんです。

日々マメに。
お肌の手入れと同じ。

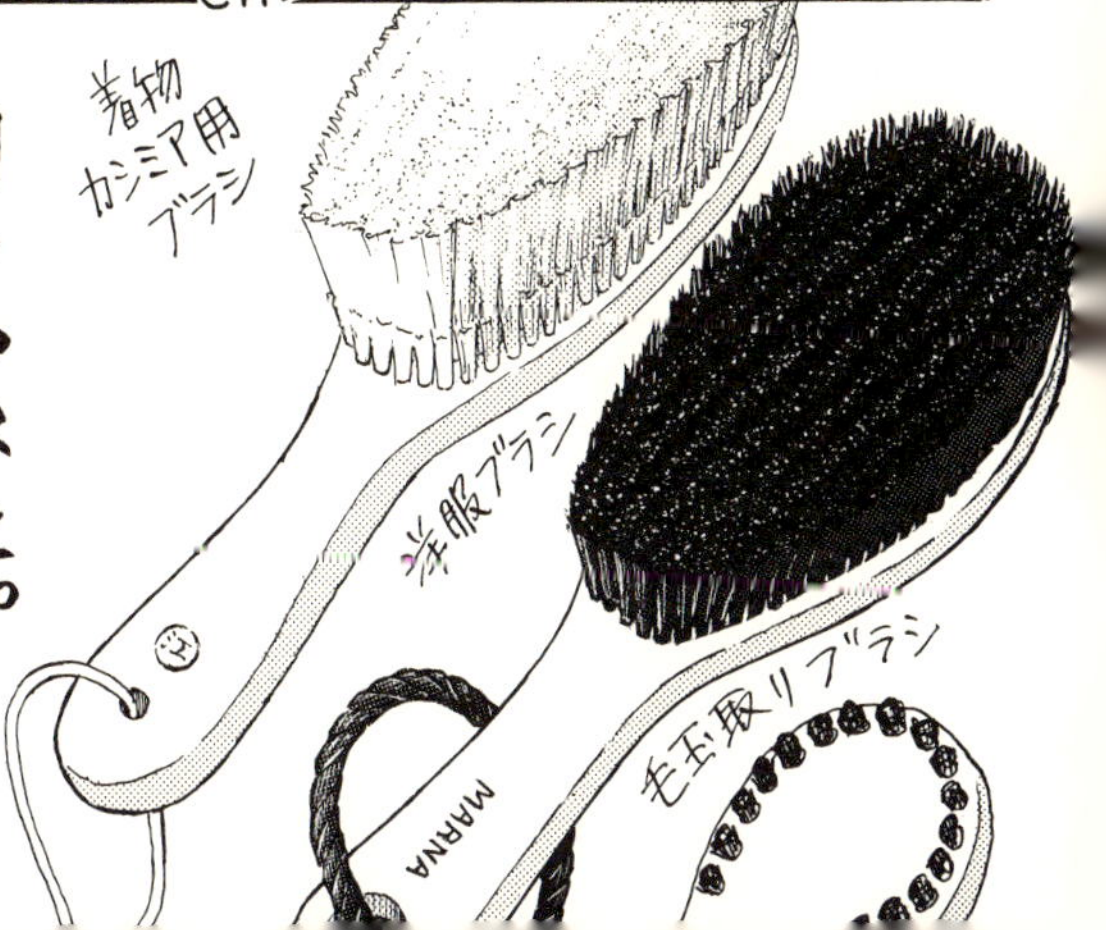

「できることからコツコツと（笑）。」

「私たち急変しないし（笑）。」

おしゃれ対談
4

緊急動議！
おしゃれ更年期対策を考える！

槇村　私たちから見て格好いいオバサンっていうと、夏木マリさんかな。

地曳　夏木マリさんが格好いいのは、ツヤ感ですよね。そんなに化粧が濃いわけでもないのにツヤ感があって。ドリームズ・カム・トゥルーの吉田美和さんのように、別に若作りしているわけでもないのに、ちゃんと今のものをほどほどに着てるのも格好いい。

槇村　〝己《おのれ》〟を知ってる。

地曳　そうそう、すっかり大人世代は〝己〟を見なきゃダメ。**オバサンを嫌っているということは、自分を嫌っているということだから。結局、オバサンをすごく嫌っているから、格好いいオバサンになれない。**

槇村　若いときがベストで、どんどんゼロになっちゃうと思ってる。でもオバサンになっちゃうんだもん。ほっといてもね。

大人のギャップの悩み

地曳　どんなに見た目を若くしても、パスポートとか保険証に書かれている実際の年齢はオバサンじゃないですか。そういうギャップでみんな余計わからなくなっちゃう。しかも私たちにはお手本がいないから。

私たちの親だったら、たとえばデパートに行くときもスーツ着たりとか、ちゃんとした格好というのがあったけど、今やそうじゃない。

槇村　**ひょっとしたら私たちが作らなきゃいけないし、私たちが格好よくしないといけない。**

地曳　若い頃は雑誌とかで、これさえ買えばとか、これ一枚さえ着れば幸せになるっていうのがあったけれど、もはやそれだけではダメだし。

槇村　隠しきれないのです。味が濃すぎて（笑）。

地曳　なのに若い子の方式をオバサンにまで押しつけて、オバサンもそのセオリーでいけると思っているけど、やっぱり全然無理なんですよね。それに、本当に体は正直だから、老眼鏡がないと見えないとか、骨粗鬆症《こつそしょうしょう》一歩手前とか、ホルモン不足とかになっちゃう。

槇村　そういうふうに、見た目と中身にいろいろギャップがあり過ぎて心が折れちゃう人もいるよね。

地曳　シンデレラ願望っていうのもあって、全然違うものになりたい、なれると思っている人もいますよね。若い子だったらサナギから蝶《ちょう》になれるかもしれないけど。

槇村　オバサンは、なれても蛾《が》ぐらいいな感じ（笑）。

地曳　ねえ。だったら美しい蛾でもいいじゃないですか。標本にされちゃうような。

魔法が効かなくなるお年頃

槇村　自分を否定する人は、若かろうが、オバだろうが格好よくない。

私はポスト更年期を超えてまあまあ諦めがついたとき、体に合わせていろいろなことをコンパクトにして毎日楽しく過ごそうって思ったら、すごく幸せになった。体は硬くなってくるけど、頭の中は若い頃よりも柔軟になるみたい。

地曳　うんうん。考え方が柔らかくなった。うまく諦められるようになった。これもありだな、みたいな。結局、若いときは、理想と実際のギャップがあっても日立たなかっただけってことに気づくんです。

槇村　青クサくて、潔癖で、許さなくて、苦しかった。今のほうがラク。自分が好き。エネルギーは小さいけど。

地曳　体力もなくなってきちゃって。

槇村　自分のことを嫌いな、パサパサした女になってしまう人もいる。

地曳　しっとり潤っていたはずが、乾燥ラスクみたいになっちゃってて（笑）、それで愕然《がくぜん》とする。もはやそういう現実と向き合うよりも、ファンタジーに生きたほうが全然ラクってことで逃げてしまうから、「なんで雑誌のモデルさんと同じに見えないの？」ってことになる。

雑誌のモデルさんはプロで、さらに私たちが磨きをかけて雑誌に載るんだから、同じだと思うのが大間違い。十代の子が言っている分にはいいけれど。

槙村　早急に考え方を変えたほうがいいよね。おしゃれ更年期に入ったらね。

地曳　そうなの、そうなの。早ければ早いほど、未来は明るい。そしてそれで終わりじゃなくて、じゃあどうするのか、ということですよね。

槙村　緊急動議！

地曳　おしゃれ更年期対策を考えよう！

槙村　とりあえずクローゼットの中から、今の自分にいちばんぴったりなものを見きわめて残し、あとは捨てる。

地曳　ブスい服は捨てる。まず自分を認めて、自分を愛して、傾向と対策を練る。それにはこの本が役立ちます（笑）。

〃キツい、重い、かたい〃の壁

槙村　おしゃれ更年期の兆候っていうと？

地曳　〃キツい、重い、かたい〃に耐えられなくなったら、おしゃれ更年期じゃないですか？

槇村　体力と気力があれば〝キツい、重い、かたい〟も着られるものね。

地曳　〝キツい、重い、かたい〟が着られる人は、年齢に関係なくまだおしゃれ更年期に入っていない人ってことですよね。おしゃれ更年期を迎えていて、体力気力が衰えてもう着られないのに無理して着ると、顔がブスになります。行動も制限されるし。

槇村　夕方には不機嫌になる（笑）。夕方っていうか、午後にはもう。

地曳　そう、エネルギーがもたない。どんどんタイマーの時間が短くなってきてね。すぐウルトラの星に帰りたくなってしまうの（笑）。

槇村　**選べる服の範囲は狭まるけれど、逆に着られるようになるスタイルもあるよね。**許されるというか。

地曳　ドレスにコンバースのローカットを合わせたりとかね。自分が変わったのかもしれないし、時代も変わったのかもしれない。今、スニーカーが流行っているけれど、私たちが若いときに流行った感じとは違う。

槇村　ものは同じなのにね。不思議だよね。潮目が変わってきてるのかな。

地曳　そうやって敏感に今の潮目を読めば、オバサンでも〝今の格好〟はできるんですよね。〝若づくり〟と〝今の格好〟は違うんです。

しかも、それほどおしゃれコンシャスじゃなくて普通の格好だとしても、すごくきれいな色のTシャツを着ているとか、どこかおしゃれという部分があれば、それでいいんですよ。大人のおしゃれってそういうことなんじゃないのかなって。

槇村　逆にいえば、あり得ないような夢を着るものでなんとかしようとすると、失敗するってことだよね。

地曳　一発逆転を狙いすぎちゃいけない。ここでホームランを打たなくても、もうバントでヒットでもいいじゃないですか。そのほうが点が入ったりしません？　ホームラン狙って打って、フライ上がって、はい終了ではね（笑）。あと、もうほとんど完璧っていう人がさらに上を狙うと、それも逆にこける。

槇村　そこでギリギリですから（笑）。

地曳　普通の人って、八十五点か九十二点ぐらい取れたら、それが実は百点なんですよ。

ちょっときれいめが肝

槇村　あと、**カジュアルな格好をするときには、ヘアメイクはちょっときれいめがいいんだよね。**
地曳　それでちょうどいいと思う。若い人みたいに、何もしなくてナチュラルっていうのは、単なる手を抜いたナチュラルオバサン。中央線にいるキャロル・キングの間違った解釈をした人とか、代官山にいるジェーン・バーキンの間違った解釈の人とかは……。
槇村　いるいる！　何か惜しいと思うよね。おしゃれなんだけど、ちょっと時空が違う感じがするオバサン。
地曳　十歳若かったら、まだはまってたけどっていう、間違った解釈シリーズ。そこらへんがおしゃれの肝だと思うんですよ。オバサンでおしゃれに見える人、見えない人の境目というか。ちょっとした差というか。
槇村　自分が場外に行っちゃってないかどうかを、いつも見きわめないとね（笑）。

今日のスタイル、まずい、場外だとか（笑）。ちょっときれいにして戻らなくちゃとか。
地曳　そうそう、戻らないとね。シューッてね。たまには外れてもいいんですよ。
戻ってこられれば。戻ってこられない人、いますよね（笑）。
槇村　周り見てないってことだよね。
地曳　**やっぱり流行を追うっていうんじゃなくて、周りを見ているかどうかっていうことですよね。**七十歳過ぎたらもっとわがままになってもいいのかもしれないけど。
ちょうど中途半端なんですよね、私たちの年って。五十歳、六十歳ぐらいで。
槇村　まだちょっとあるね。あと十年。執行猶予中（笑）。でも、私、六十歳になったら、もうさすがに着るものはないだろうと思っていたけど、そんなことなかった。
地曳　私も五十七歳だけどいまだにライダース着てますしね。
槇村　だから、わからないよ。七十歳になっても、まだ着られると思うかも（笑）。
地曳　そうですね。**じゃあ、私たちの目標は、オバサンを極めること！　みんなついてこい、カモン、ジョイナス！**　みたいな（笑）。
槇村　**私たちが、オバサン王国を作るから、ついてこい（笑）！**

ババア、上等だよね！

槇村
地曳

あとがき

『ババア上等！』なんて、本当に変なタイトルの本ですよね？（笑）

仕事を通じて仲が良くなった人気漫画家の槇村さとる先生と、最初にこの本の打ち合わせをした時「私たちババアはさぁ」と自分たちをさす時に、自然と「ババア」という言葉が出てきました。

「ババア」という言葉には悪い印象しかありませんでしたが、私が育った東京下町では、時として「ババア」という言葉に親しみやリスペクトの意味を込めて使うことがありました。例えば「あのババア、口は悪いけれど面倒見が良《い》い」とか。ちなみに槇村先生も私も東京下町生まれで、普段二人で話しているときはかなり口が悪い下町言葉です。

しかし五十歳をとうに過ぎた先生と私、もはやババアというよりおばあさん!? 二人で「もうさぁ、どちらかといえば、私たちおばあさんの年齢だからババァって呼ばれたら逆に嬉《うれ》しいよね。知り合いはみんなお孫さんがいてリアルおばあさんだし」と自虐的な話までしていました。

よく否定的な意味で使われる「ババア」ですが、あえてオトナ女性向けの本のタイトルにしたのにはそんな訳があったのです。

タイトルのババアの下につく言葉「上等」には、じつは二つの意味が込められています。一つは「上等なお菓子」「上等なお仕立て」とか、素晴らしい、優れているという意味。もう一つは「喧嘩《けんか》上等」など不良のスラング、いわゆる隠語の「それがどうした、かかってこい!」的な意味。素敵なおばさまとおばさんで何が悪い! の二つの意味を込めました。

私がよく使うBBA（ババア）という表記ですが、今年になってツイッターで、みきーるさんという美しいジャニーズのヲタクの方が、「BBAはBeautiful Brilliant Age

の略です」と素晴らしい解釈をしてくれました。

そうです！　経年美化した「美しく輝くお年頃」。

BBAで何が悪いのでしょうか？

人間生まれた瞬間からどんどん歳《とし》をとっていきます。若い頃はそれを「成長」と呼びますが、三十歳を過ぎたあたりから「老化」と呼ばれるようになります。

人それぞれ差はあれ、どんなにお金があっても老化はします。最新美容医療でお顔や体をうまくお直ししても、中身は「昭和の女」です。いくら若作りしてもカラオケの選曲でうっかり歳がバレたりしてしまいますよね（笑）。

でも、人生すべて良いことと悪いことは、裏表でセット。悪いことばかりではありません。若さを失った分、良いこともあるのです。若い時より無理がきかない、体型的なことなどおしゃれに制限が出てくる、似合わないものが身に沁《し》みるほどわかってくる。その反面、今までの経験や失敗が役に立ち、本当に自分が好きなものや、数少ないけれど似合うものがわかってきます。

人生の残された年月がぼんやり見えてきましたが、その分却《かえ》って自分の得意分野のおしゃれだけを追求。制限ができた分、そこに力を注げると考えてはどうでしょうか？　マイナス面ばかり考えるのではなく、マイナスをプラスに変えて人生を楽しむことができるようになります。

今回この本を文庫化するにあたり、改めて読み直してみると、平成という時代の最後にまだ「新しいババア道」を模索しながら足掻《あが》いて書いていた気もします。私たちの親の世代の「素晴らしい大人女性像」はほぼ崩壊し、エレガントな女性として思い浮かぶのは吉永小百合さん、岸恵子さん、デヴィ夫人など雲の上の方々ばかり。身近ではなかなか見つけることが難しい。みなさんカジュアルでお手本がない私たち、苦しくても辛《つら》くても私たちが令和の新しいBBAになるしかないのではないでしょうか？

いやでも今、時代は変わってしまいました。この本を読んでいただいているほとんどの読者の方は昭和生まれ。ということは、私たちはもう三つの元号を生きているのですよね。もちろん、「昔は良かったわねぇ」「私たちの若い頃はね」「バブル景気もう一度来ないかしら？」などと哀愁に浸っているのも良いのかもしれませんが、冷静に考えてみてください。スマホの登場などで世の中は唖《あ》然《ぜん》とするくらい変化していま す。きっとこれからももっと変わるでしょう。

私たちが若い頃、ファッション雑誌で学んだ「おしゃれルール」はもう三世代過去のもの。いつまでもそれにこだわっていてはいけませんよね。

これからはいかに昔のルールを捨てて、新しい時代に合ったおしゃれを考えて取り入れていくかがポイントになると思います。昔にしがみついていては「変な昔っぽい若作り」になってしまいますよ。

確かに、今までのやり方を手放すのには勇気が要ります。先ほど、大人おしゃれのお手本を見つけるのが難しいと書きましたが、おしゃれ先輩は槇村先生の他にもいらっしゃいました。先日トークショーでご一緒させていただいた横森美奈子さん（なんと私より十歳年上の先輩。おしゃれと人生の師匠）です。

彼女は「いかに物や考え方の執着を捨てるかがこれからの大人には大事」と話してくれました。「体重がどうしても減らなくなったらボトムはウエストゴムでゆったりしたトップスをうまく着れば良いし、白髪が増えて髪の色が明るくなったら綺麗《きれい》な色の服が似合うようになるわよ」とアドバイスをいただきました。彼女が作るＴＶショッピングの服はどれも綺麗な色で素敵なものばかり。新しいBBAの服です。彼女が七十歳になってもおしゃれで生き生きと美しくいられるのは、昔に執着しないで今に生きているからかもしれません。

今はまさに時代の潮目。そんな時に「ババア時代」を迎えた私たち。令和という新しい元号になった最初の年にこの本を改めて文庫で出せるのは本当に光栄ですし、意味のあることだと思います。

まだまだ時代もおしゃれも変化していくと思います。私たちも時代に合わせてうまく変化して「プログレッシブBBA」、進化し続けるババアとして一緒に生きていきましょう。

すべてのババアとジジイに愛を込めて。

地曳いく子

本書は、２０１６年7月、書き下ろし単行本として集英社より刊行された『ババア上等！　余計なルールの捨て方　大人のおしゃれDo! & Don't』を文庫化にあたり、『ババア上等！　大人のおしゃれ DO! & DON'T!』と改題したものです。

本文デザイン／アルビレオ

槇村さとる
キム・ミョンガンの本

あなた、今、幸せ？

自立、恋愛、生き方、結婚……みずから乗り越えてきたさまざまな体験をベースに、率直に語られる言葉たち。あらためて「幸せの意味」を問い直す。

集英社文庫

槇村さとるの本

ふたり歩きの設計図

パートナーとの出会い、結婚での自分の変化を振り返り、コミュニケーションの大事さを説く。漫画の名場面を交え、幸せになるためには、を考える。

集英社文庫

集英社文庫　目録（日本文学）

柴田錬三郎　英雄三国志六　夢の終焉
柴田錬三郎　われら九人の戦鬼(上)(下)
柴田錬三郎　新篇　眠狂四郎京洛勝負帖
柴田錬三郎　新編　剣豪小説集　梅一枝
柴田錬三郎　徳川三国志
柴田錬三郎　新編　武将小説集　男たちの戦国
柴田錬三郎　柴錬の「大江戸」時代小説短編集　花は桜木
柴田錬三郎　チャンスは三度ある
柴田錬三郎　眠狂四郎異端状
柴田錬三郎　貧乏同心御用帳
柴田錬三郎　御家人斬九郎
柴田錬三郎　真田十勇士(一)　運命の星が生れた
柴田錬三郎　真田十勇士(二)　烈風は凶雲を呼んだ
柴田錬三郎　真田十勇士(三)　ああ！輝け真田六連銭
柴田錬三郎　眠狂四郎孤剣五十三次(上)(下)
柴田錬三郎　眠狂四郎独歩行(上)(下)

柴田錬三郎　眠狂四郎殺法帖(上)(下)
柴田錬三郎　眠狂四郎虚無日誌(上)(下)
柴田錬三郎　眠狂四郎無情控(上)(下)
地曳いく子　50歳、おしゃれ元年。
地曳いく子／槇村さとる　ババア上等！　大人のおしゃれDO! & DON'T!
地曳いく子　若見えの呪い
島尾敏雄　島の果て
島﨑今日子　安井かずみがいた時代
島崎藤村　初恋―島崎藤村詩集
島田明宏　ダービーパラドックス
島田明宏　キリングファーム
島田明宏　ジョッキーズ・ハイ
島田明宏　絆　走れ奇跡の子馬
島田明宏　ノン・サラブレッド
島田裕巳　0《ゼロ》葬――あっさり死ぬ
島田雅彦　自由死刑

島田雅彦　カオスの娘
島田雅彦　英雄はそこにいる　呪術《シャーマン》探偵ナルコ
島田洋七　がばいばあちゃん　佐賀から広島へ　めざせ甲子園
島村洋子　恋愛のすべて。
島本理生　よだかの片想い
島本理生　イノセント
志水辰夫　あした蜉蝣《かげろう》の旅(上)(下)
志水辰夫　生きいそぎ
志水辰夫　みのたけの春
清水義範　偽史日本伝
清水義範　迷宮
清水義範　開国ニッポン
清水義範　日本語の乱れ
清水義範　新　アラビアンナイト
清水義範　イマジン
清水義範　夫婦で行くイスラムの国々

集英社文庫　目録（日本文学）

S 集英社文庫

ババア上等《じょうとう》！　大人《おとな》のおしゃれ DO! & DON'T!

2019年9月25日　第1刷　　定価はカバーに表示してあります。
2021年6月6日　第7刷

著　者　地曳《じびき》いく子《こ》
　　　　槇村《まきむら》さとる

発行者　徳永　真

発行所　株式会社 集英社
東京都千代田区一ツ橋2-5-10　〒101-8050
電話　【編集部】03-3230-6095
　　　【読者係】03-3230-6080
　　　【販売部】03-3230-6393(書店専用)

印　刷　凸版印刷株式会社

製　本　凸版印刷株式会社

フォーマットデザイン　アリヤマデザインストア　　マークデザイン　居山浩二

ISBN978-4-08-744026-3 C0195